讲卫生！我和西蒙在刷牙。 童年时期在派尔训练。

拜仁慕尼黑装点着我的床品，也承载着我的梦想。

永远保持冷静！假期去游泳池降温。

我的教练扬·皮恩塔颁给我人生的第一座奖杯。

在加尔达湖度假：我和西蒙赌零钱。

穆勒兄弟在看台上轻松快活。

我在派尔家中穿着拖鞋修理助动车。

这就是那物件!在拜仁慕尼黑再捧奖杯。
(译者注:"这就是那物件"是卡恩名言,在捧起欧冠奖杯时他兴奋地如此大喊,后来多次被穆勒引用)

我们不断成长,赢得的奖杯也越来越多。

从现在开始,穆勒永远在线:作为圣诞礼物,我收到人生第一部手机。

拜仁慕尼黑的少年时代:未来从这里起航。

一个真正的巴伐利亚人在如画的风景中踢比赛。

今天我们都是巴西人：我和西蒙、妈妈在 2006 年世界杯上。

家庭就是一切：我和西蒙、爸爸格哈德一起玩"大富翁"。

这里是"穆勒电台"——憨憨的麦克风男孩。

兄弟合力：我和西蒙整装待发，与父母一起去远足。

青年时代的我很喜欢在冬天不踢足球的时候打冰球。

我和表哥安迪在一起总是很开心。

我和妻子丽莎总与爱犬米奇和弹珠一起撒野。

梦想成真：为拜仁一线队出战。

我的国家队处子秀：在慕尼黑主场迎战阿根廷。

书写历史,成就三冠王!2013年我们问鼎欧冠。

功成！2014年我们高举大力神杯在马拉卡纳草坪上跳舞。

在更衣室里安静地揽大力神杯入怀。

世界杯决赛后的庆功会上：我和父母、西蒙兴奋合影。

我的职业足球之路
穆勒自传

[德]托马斯·穆勒 [德]尤利安·沃尔夫◎著 吕楠◎译

Mein weg zum fußballprofi

金城出版社
GOLD WALL PRESS
中国·北京

图书在版编目（CIP）数据

我的职业足球之路：穆勒自传 ／（德）托马斯·穆勒，（德）朱利安·沃尔夫著；吕楠译 . —北京：金城出版社有限公司，2023.1（2025.5重印）
ISBN 978-7-5155-2387-3

Ⅰ．①我… Ⅱ．①托… ②朱… ③吕… Ⅲ．①穆勒－自传 Ⅳ．①K351.654.7

中国版本图书馆CIP数据核字（2022）第212956号

First published in German under the title
Mein Weg zum Fußballprofi
by Thomas Müller & Julien Wolff
© Verlag Friedrich Oetinger, Hamburg 2020
This edition arranged with Verlag Friedrich Oetinger, Hamburg, Germany through HERCULES Business & Culture Development GmbH, Germany.
Simplified Chinese edition copyright: 2023 Gold Wall Press Co., Ltd.
All rights reserved.

我的职业足球之路：穆勒自传
WO DE ZHIYE ZUQIU ZHI LU: MULE ZIZHUAN

著　　者	［德］托马斯·穆勒　［德］朱利安·沃尔夫
译　　者	吕　楠
责任编辑	李明辉　王思硕
责任校对	高　虹
责任印制	李仕杰
开　　本	710毫米×1000毫米　1/16
印　　张	13
字　　数	100千字
版　　次	2023年1月第1版
印　　次	2025年5月第2次印刷
印　　刷	鑫艺佳利（天津）印刷有限公司
书　　号	ISBN 978-7-5155-2387-3
定　　价	49.80元

出版发行	金城出版社有限公司　北京市朝阳区利泽东二路3号　邮编：100102
发 行 部	（010）84254364
编 辑 部	（010）64391966
总编室	（010）64228516
网　　址	http://www.jccb.com.cn
电子邮箱	jinchengchuban@163.com
法律顾问	北京植德律师事务所　18911105819

前　言

嗨，朋友们！

怎样才能成为一名职业球员？

包括孩子、青少年和成年人在内的很多人都问过我这个问题。

我认为通过很多条路都可以抵达那个终点。在我的职业生涯中，我和很多球员以及出色的射手们一起踢球，他们每个人都有自己的故事。

我想通过这本书讲讲我的故事。我想告诉你们，我是怎样在德甲、欧冠和世界杯赛场去赢得冠军和奖杯的；我想向你们讲述我的成功，包括那些闪光的经历，当然也包括失败和痛苦的时光。

成为职业球员是我从小的梦想，能够梦想成真让我对今天的一切充满感激。我从未停止追逐这个梦想，在竞技运动中，我认为必须为自己不断赢得机会，然后才会有水到渠成的事发生，这包含很多因素，运气也是其中一部分。我为自己树立了很多目标，始终有比赛可踢对我也很重要，只有通过艰苦的努力自己才会变得越来越好。

这并没有那么容易实现。如果你为自己树立了远大的目标，就得加速去完成，你得有耐心；你得一次又一次去迎接挑战，一定会有障碍和阻力挡在面前，你要战胜那个内在的虚弱的自我，始终坚信自己；你要时刻准备为了实现自己的目标去放弃某些东西。竞技和生活没什么不同，在足球中起到决定作用的不仅仅是双腿，还有头脑。

在成为职业球员过程中，我学到了很多东西，比如，家人和朋友的支持有多么重要；我也认识到，我们应该永远保持公平；在团队中，诚实和善良会为我们赢得信任，团队成员间需要相互信任；真正优秀的球员首先考虑的永远是他的球队；还有，从这项奇妙的运动中感受快乐永远都很重要。

所有这一切，我都想通过本书来讲述。每个人都是独一无二的，每个人的故事也都值得被书写。如果我的经验可以帮到你，如果你能从本书中获得动力去实现梦想，我会非常高兴。别人怎么说、别人对你的看法并没有那么重要，真正重要的是，牢记你的目标，并享受将它变为现实的过程。

希望你们能从阅读中获得快乐，永远有运动为伴，有足球为伴，始终勇往直前！

托马斯

目　录

第一章	我和足球	1
第二章	慕尼黑的冒险之旅	21
第三章	第一次前往皇家马德里	29
第四章	穆勒训练穆勒	61
第五章	成为职业球员	69
第六章	登陆德甲	83
第七章	为国出征	101
第八章	一夜成名	117
第九章	最沉痛的失败	127
第十章	神奇的温布利之夜	137
第十一章	我们是世界冠军！	149
第十二章	球场外最重要的事	165
附录	成就你的足球梦：来自我的建议	173

第一章

我和足球

在学会走路前，我就爱上足球了。我和足球从一开始就非常合拍，因为太小就开始踢球，我对足球的最初记忆只有很小一部分，大部分都是家人后来讲给我听的。也就是说，在我记事前，我就踢球了，我家相册中就有小托马斯用脚踩着球的照片。母亲克劳迪娅说，我还在她肚子里的时候，就像个足球运动员一样喜欢踢她。她小时候也踢过球，我可能真的继承了我父母对运动和体育的热爱。

小时候我和爸爸、妈妈、弟弟西蒙一起住在奶奶的房子里，房子就坐落在派尔镇叔叔的农场中。在巴伐利亚州，这是个小镇，只有2500名居民，爸爸格哈德和妈妈克劳迪娅就是在这里长大的。派尔镇和它的周边地区位于施坦贝尔格湖和阿默湖之间，是一处风景优美的绝妙之地，它被绿色环绕，安静祥和，小镇里的每户人家都相互认识。这里只有一所学校、几家商店，却拥有着秀美的自然风光和许许多多在农场里自由长大的猫、狗，吃着草的马和牛，人们形象地描述它：派尔虽小，但它无所不有。

我家的院子里有一块小草坪，我总是和叔叔的儿子、我的堂兄安德烈亚斯、马蒂亚斯和约翰内斯一起在那儿玩。那时我只有一岁半，几个堂兄分别是10岁、9岁和4岁。他们扔给了我一个足球，我完全不知道对着这个球能干什么，但很快我就发现了它的乐趣，我总是笑着把它踢出去，足球就这样成了我最喜欢的玩具。我算是个地道的乡村小子，从小就喜欢在外面野，在我家的草坪上，我总拿足球射篱笆。院子里还有个车库，我和堂兄们正好把它当作球门。堂兄们非常喜欢和我一起踢球，并看着我一点一点进步，我踢得越来越好。我们踢球时，我的眼睛里总会闪着光，父母非常高兴我们在一起玩得那么开心。

我4岁时，堂兄安德烈亚斯和马蒂亚斯带我去了镇上的派尔体育俱乐部，他们平时就在那里踢球。俱乐部的球场距离我们家只有几分钟路程。我先加入了一个都是由小朋友组成的球队，我们也训练，但不是真正意义上的正式训练，我们也不能和其他球队进行比赛，我要做的就是和那些最小的孩子们一起踢球，但我一点儿也不介意，相反我每天过得非常开心，而且在这段时间里，我的控球能力有了很大进步，我开始希望能和大孩子们一起踢球了。

不久后，我就加入了我的第一支球队：派尔俱乐部F级少年队。从这时候开始，我才算有了固定的训练时间。球队里的大多数孩子都比我大，但我从一开始就没掉过队。足球、球门、草坪，这在当时就是我的全部世界，只要站在球场上，我就会忘记周围的一切。

后来我和父母、西蒙一起搬进村子的高地上属于我们自己的房子。新家的后面有一片大草地，还立着一个大球门，我经常在那里练习射门和过人动作。通常每天下午我父母会开车送我去训练，此时终于有跟我同龄的孩子陪我踢球了。不幸的是，我的幼儿园当时不允许踢球，老师们担心男孩子除了踢球什么都不学，而且成天只知道调皮捣蛋。

终于熬到了上小学，很幸运，课间休息，我们又能踢球了。

我们上写作课的时候，同学之间会互相交换自己的诗歌本，同学的本子里有一段话，提问"你未来最想做什么"，我当时就在上面写了"足球运动员"。

从这个时候起，足球已经成为我生活中最重要的一部分，对我来说它就是一切。下课铃声一响，我和同学们就飞快地冲出教室，抢一个球就开始组队，来上一场激烈的比赛。

放学回家的路上，我也不想歇着，我会踢地上所有能捡到的东西，有时会把空饮料罐一路踢回家。我爱看所有写德甲巨星的书和文章，比如洛塔尔·马特乌斯。每周我都会去我们村的邵尔茨面包店，老板一家人已经认识我了，他们对我非常好。我特别喜欢来这里，是因为店里有很多美味的面包和蛋糕，特别是还有杂志。我会把零花钱花在每期的体育杂志上，还有漫画书《幸运的路克》和《阿斯泰利克斯历险记》。这绝对是一笔好投资，因为我很快就能对德国足球如数家珍，我知道谁在哪支球队踢什么位置，就在此时我成为拜仁慕尼黑球迷。

我爷爷是个超级球迷，也是拜仁慕尼黑的狂热粉丝，而我们全家都是拜仁球迷，除了我的一个叔叔，他支持多特蒙德，家里再也没有第二个非拜仁球迷了。

我的整个房间都是用红白两色装饰的，我睡在拜仁慕尼黑的床单上，房间里到处都贴着海报。弟弟西蒙房间里的球迷用品比我还多，父母经常开玩笑地叫它"拜仁洞穴"。西蒙对拜仁绝对是真爱，直到今天都是如此。

我的第一件拜仁球衣是作为礼物收到的，我把它视为我的最爱，穿上以后就再也不想脱下来了。

我还把它带去了学校，上体育课的时候就穿上它，谁都能看出来我是个拜仁球迷。我们班也有几个男孩是慕尼黑1860队的球迷，这是慕尼黑两家最大的俱乐部之一。我经常对着那几个男孩说些很挑衅的话，尤其是周末1860

队输球的时候，不过我们都只是开玩笑，互相寻开心罢了。我非常喜欢上学，一开始我总是打断老师的提问接话茬儿，因为我什么都想快，就像在足球场上一样。渐渐地，我才知道，我应该先得到允许并学会等待，轮到我的时候再发言。

冬天的时候我也会和朋友去打冰球，父母还教会了我滑雪，因为我家门口就是山。我也喜欢打网球，有一段时间，我同时在派尔俱乐部练习足球和网球，但足球依然是我最热爱的运动，那时我就显露出了性格里酷爱竞争的基因。12岁时，我参加了男子网球比赛，竟然还赢了！与其他运动员竞技似乎能让我格外兴奋。

在一场网球比赛中，我本来是以1比5落后的，但我竭尽全力扭转战局，给我的对手带来了巨大的压力。正是在这场比赛之后我感悟到：即使曾经犯错，我也可以卷土重来，不管是网球还是足球。

我非常期待每一场比赛和每一次训练。训练通常都是从下午5点30分开始，我经常4点就到训练场了，因为我实在等不及，我太喜欢踢球了。我的朋友也经常早到，我俩就会给自己起一个从电视上认识的那些最好的球员的名字，比如我们管自己叫齐达内和巴拉克，然后我俩就开始一对一对抗，像那些球星一样炫技。

爸爸格哈德也在派尔队踢球，一开始是成年队，后来就是俱乐部里所谓的元老队。他经常在周五晚上比赛，我们这些孩子就会一起去看比赛，给他们加油。每次看爸爸踢球，我都很有冲动自己也上去踢，我和爸爸队友的孩子们会在旁边的空地上用球鞋摆出两个小球门，然后踢我们自己的比赛。没有训练的日子，我们村里的男孩和女孩就会在大农场的草地上集合，踢足球，一直踢到天黑。对我来说，没有一天是不踢球的，即使每周日我都要去派尔镇圣劳伦蒂乌斯教堂做礼拜，结束后我也会马上赶去足球场。

偶尔我也会回到我家花园和西蒙玩一对一，我俩好胜心都非常强，有好几次父母不得不出面才阻止了我们的"剑拔弩张"，但总的来说，我们的比赛还是公平的。有时我俩也会在电脑上玩点什么较量一番,不过我们还是更喜欢去户外呼吸新鲜空气。

如果外面空气不好,我们也会回到屋里踢球,爸爸把我家的地下室改建成了我和西蒙的迷你足球场。他买了两个冰球球门,我和西蒙时而就在这里来上一场激情的决斗,不过我们玩的是泡沫球,因为妈妈担心用皮球,我们会把整个家都拆掉。西蒙比我小两岁,身体当然没有我强壮,所以有时候他也会叫上朋友加入,这样我一个人就要对付两个人。虽然西蒙踢得很好,每次也都倾尽全力,有时候还会做出滑铲的动作,但大多时候还是我赢。我们开玩笑地说:"这真是一个国际性难题。"

每个赛季派尔队都会有几个孩子离开球队,有些孩子只待了几周就走了,他们又喜欢上了其他运动,我却完全相反,根本踢不够,只要有训练我就觉得浑身舒服。训练结束后,我还高高兴兴地帮助球队收拾器材,把球、球网和标识桶放回球棚中存放。妈妈一直对此非常惊讶,她对我的教练迪特说:"这孩子在家里可从来不知道收拾房间。"

6岁以后，我对拜仁慕尼黑越来越痴迷，我看到拜仁赢得了欧洲联盟杯，当时卡恩镇守着球门，绍尔在攻击线上，这支球队太棒了！有一个晚上，我第一次得到允许可以和父母一起熬夜在电视上观看国家队比赛。就是这个夏天，德国队在英格兰赢得了欧洲杯，他们在决赛中战胜了捷克队，穆勒家的房子沸腾了！我们为德国队感到骄傲，虽然我还是个孩子，但看到自己的国家队在大赛中问鼎时，我已经能感受到这有多么伟大！

有一天叔叔和堂兄带我一起去了慕尼黑塞贝纳大街，这里就是拜仁慕尼黑俱乐部总部的所在地。我很想亲眼见见那些我从电视里认识的球员，看看他们是如何训练的。我非常确信自己可以在那儿学到东西，能通过观察他们感受到什么，我非常兴奋也非常期待这次旅行。我们刚到那里，堂兄就猛地推了我一下。

"看，托马斯，盖德·穆勒就在前面。"与我同姓的盖德·穆勒曾是世界上最好的前锋之一，他曾在一个赛季里打进过40粒进球，7次荣膺德甲最佳射手，1974年他还帮助国家队赢得了世界杯。即使我从来没有在现场看过他踢球，我也知道他是一个传奇。所以我鼓起全身的勇气，礼貌地向他请求了签名，盖德·穆勒点了点头，他从他的车里拿出了签名卡为我签上了名字。后来我和堂兄还跟洛塔尔·马特乌斯合了影，他当时是拜仁慕尼黑最重要的球员之一。这是多么美好的一天！

我非常自豪，回到家后一直在房间里寻找一处特别的地方，摆放盖德·穆勒的签名卡。无论什么时候，都应该踢得像盖德·穆勒那么好，对，足球就该是这样！

我在E级少年队的表现非常好，在有些比赛中，我能打进十多个球。一个赛季结束后，我们的进球、失球比达到了175比7，其中我射门并成功攻入了90粒进球，我们成为冠军。接下来的赛季，我们参加了地区联赛，角逐穆尔瑙地区水星杯锦标赛，当时有8支球队参赛，派尔队状态不错，但这并不意味着我们就一定能够成功。我们这支少年队非常团结，一直打到了决赛，这真是优秀的团队，我也非常享受这种一路向前的感觉,更何况我的表现在当时非常突出。

在决赛中,我们遇到了蒂森队。这时正值7月中旬,夏天的雨水特别多。我把球置于身前拼命地奔跑,草坪又湿又滑,就在距离球门只有几米的时候,一名防守球员上前铲断,但我从他的腿上跳了过去,然后把球送进了球门的右角。门将无能为力,1比0。在那之后,为了保住胜利果实,我们不得不集中在自己的禁区附近应对非常棘手的状况,最终我们赢得了这场决赛!球队中所有的球员都向我跑来,每个人都沉浸在巨大的喜悦中。

这次比赛的中间还发生了一件对我来说很棒的事。只是因为觉得好玩,我和几个队友报名参加了"用足球射击目标墙"的比赛,比赛规则类似于德国电视二台体育演播室里那个著名的足球游戏:每名参赛者有6次射门机会,3次需要把球射进目标墙上方的圆洞,3次需要射进目标墙下方的圆洞。我成功射进了2个球进入了这次比赛的决赛。最终的结果是:我赢了!我得到的奖品是巴德格里斯巴赫酒店的住宿券，我把它送给了父母，他们高兴坏了。

拿到了地区锦标赛冠军，我们获得了下一个周末参加更重要的比赛的资格，这就是马克特施瓦本地区水星杯决赛阶段比赛。巴伐利亚州的每个孩子都知道水星杯，它是整个州 E 级少年队最大的赛事，像拜仁慕尼黑、慕尼黑 1860 这样的大俱乐部都会来参赛，比赛后甚至还会有记者在场边等候着采访年轻球员。

傍晚我和父母、西蒙正在餐桌吃饭，妈妈突然把手放在了我的肩膀上："托马斯，拜仁慕尼黑的一个球探今天看了你的比赛，他就在看台上，坐在我旁边，那个人跟我说，你很有才华，如果你今后想有更好的发展，他想邀请你去塞贝纳大街试训。"

拜仁慕尼黑！我最爱的俱乐部！我做梦都想去的地方！

他们的一线队是赢得德甲冠军次数最多的球队，我的偶像——吉奥瓦尼·埃尔伯也在那里踢球。他来自巴西，对我来说他就是最好的前锋，他的动作非常优雅，在根本没有机会的情况下也能得分，而且他是个非常有趣的纯爷们，就像我一样，有一次他在进完球庆祝的时候把自己卷进了印着拜仁俱乐部广告的地毯里，因为这些有点疯狂的小举动，我把吉奥瓦尼定义成了当时我最喜欢的球员。

我从椅子上直接跳了起来，激动地把黄油面包扔到了空中。"试训的时候我会向他们证明的。"父母和西蒙都为我感到高兴。

我恨不得一觉醒来马上就去试训。上个赛季我打进了很多球，但我很清楚，现在我还得再加把劲。

一周后在水星杯赛场上，妈妈在我们的第一场比赛前为我介绍了这位球探。他有着一头金发，看起来非常和蔼，他的名字叫扬·皮恩塔，也正是他为拜仁慕尼黑发现了菲利普·拉姆和巴斯蒂安·施魏因施泰格。扬站在球场边，手里拿着本和笔，比赛中间我发现他密切地关注着我，我表现得比平时更加努力，扬·皮恩塔任何时候看到的都应该是最好的托马斯！

我们赢下了第一场比赛，我滑铲、传球、射门，极力表现，但我们只走到了四分之一决赛，以 0 比 3 的比分出局。那些大俱乐部的少年队比派尔队的实力要强很多，我很担心，现在球探先生不会再邀请我去试训了。

回家的路上，妈妈在车里笑着对我说："皮恩塔先生刚刚告诉我，你的表现依然很出色，失败也是足球的一部分，你应该下周去参加试训。"

派尔所有的朋友和教练都为我感到高兴，他们说："拜仁的试训你一定要去，这是一个巨大的机会！"

多年以后我已经成为职业球员，有一次扬·皮恩塔跟随我们的助理教练赫尔曼·格兰德来到一线队更衣室，当时的主教练路易斯·范加尔并不认识皮恩塔，他问："这是谁？"格兰德回答："他是为我们送来了所有武器的人。"

作为少年球员，现在我要和妈妈一起坐火车去慕尼黑了，一小时后，我们抵达了终点。拜仁慕尼黑的一切都比派尔要大很多，还有另外 10 名男孩也被邀请来参加试训，教练向我们解释说，试训后他会告诉我们，谁可以留在拜仁俱乐部。

我们被安排进行精准的传球训练，我非常紧张，我注意到有几个男孩也很紧张，但另外几个则显得镇定自若，因为他们已经在这里参加了一段时间的训练。我有几次传球失误，对自己相当恼火，但是在随后的训练中，我表现得越来越好，也越来越适应，这里的传球既要求速度也要求质量，尤其是速度比在派尔快多了。

防守的球员也很难对付，我根本无法像在派尔那样轻松地带球，跟别人比，我的腿细得像牙签，我安慰自己说：没关系，没有肌肉就不会肌肉疼。虽然我明明知道，这完全是睁着眼睛说瞎话，但我比其他人都高，我让自己利用这个优势更多地去争顶头球。训练要结束时，我在跑动中为我们的中场球员送出了一个精彩的传球，他冷静地完成了破门。

随后教练吹响了训练结束的哨音，我一头乱麻，他们会要我吗？我能达到他们的要求吗？返回更衣室的路上，我无比忐忑。

训练后是爸爸来接我的，试训教练扬·皮恩塔把我们一起叫了过去。求你！我内心是这么想的，求你要我吧！我太紧张了，以致当时我的手都在发抖，几秒钟对我来说就像几小时那么长，这是迄今为止我生命中最激动的一天。扬·皮恩塔走近了我和爸爸："托马斯，你练得很好。"

然后呢？我想，我练得很好，但够得上你们要求的好吗？这句话是什么意思？

终于，扬给出了最后的答案："我们想要你。"

我简直不敢相信，他们想要我！来自派尔的托马斯！我还从来没有这么幸运过。

随后的日子里，我父母天天都在谈论拜仁的报价："学校才是最重要的，我们应该保持现在的状态。"爸爸严厉地看着我说。妈妈并不确定，我们能否在未来兼顾好足球和学习。

她很清楚，那里是大拜仁，要求也会很高，足球在那里是最重要的事，每名球员都得做好把大量时间花在训练上的准备。

我必须向她和爸爸保证，我一定会按时完成家庭作业，他们才同意我转会到拜仁去，我微笑着拥抱了他们。父母与我的新东家达成了一个特殊的协议：我每周只去拜仁训练一次，其余时间我仍然留在派尔俱乐部。在拜仁提出报价前，我本来已经选好了每周一次要去强化训练的地点，我选择的是派森贝格，这里离我家很近。而现在我要去慕尼黑了。

父母希望先按照这个模式训练半年，然后他们才能得出结论，我是不是真的能同时兼顾好学习和足球这两件事。

几天后，爸爸去找了派尔队的教练，他说："我们想给托马斯申请一张球员证。"

2000年夏天，我加入拜仁慕尼黑俱乐部时还只有10岁，当我从家里的信箱中取出带有新俱乐部标识的信封，并掏出属于我的会员卡时，我感到非常骄傲和幸运。现在我觉得自己要干点大事了。

第二章 慕尼黑的冒险之旅

派尔的家距离塞贝纳大街 50 公里，放学后我要赶紧回家，快速吃完午饭，然后马上动身坐火车去慕尼黑。一开始是妈妈陪我去，她看到一切都很顺利，后来就让我自己去了。

坐火车有 45 分钟的车程，我通常会把运动背包放到邻座上，掏出书本做家庭作业，有时候我也会睡一会儿，训练的时候我又能活过来了。

有时候为了赶火车我也会来个全速冲刺，否则我就会错过在塞贝纳大街的训练时间了，从慕尼黑火车站，我还要转地铁和电车才能到达训练场。

爸爸下班后经常来训练场接我回家。他是一名工程师，就在慕尼黑上班，有时候他就骑着摩托车来接我，穿着一身黑色的皮衣。"扫烟囱的来了！"塞贝纳大街的孩子们总这么和他打招呼，然后我们就会一起笑。

在我转会到拜仁慕尼黑前，我觉得自己踢得相当不错，现在才发现，这个星球上真正有天赋的孩子多得是。拜仁俱乐部在这个夏天从整个巴伐利亚州签来了踢球最好的孩子们，其中很多人我在以前的比赛中见过，跟我相比，他们的脚仿佛能粘住足球。

我注意到在这样的大俱乐部中训练，你每天都要被拿来和最好的球员做比较，每个人都被寄予了很高期望，这正是我想要的。无论做什么，最重要的就是勤奋，我正在一点一点地学习如何踢好足球。

拜仁的训练比派尔辛苦得多，虽然我在前几次训练中用头和脚都完成过进球，但我也错过了几次非常好的机会。有一次训练我表现不佳，是门将马丁为我重建了信心："没关系，托马斯，"他说，"每个人都会有这种时候。"我和马丁后来成了好朋友，他是个非常好的人。

在我们进行第一场比赛前，教练在更衣室里把我们叫到一起，他布置了11人首发名单，我的名字并不在列，好吧，我只是替补球员。我穿着红色的运动服坐在又冷又硬的板凳上，生气地咬着嘴唇。我们队3比0赢下了比赛，但我却对自己感到愤怒，显然我练得还不够好，马丁注意到我情绪不佳。"别放弃，托马斯，"他在回更衣室的路上跟我说，"你是很棒的球员，你的机会会来的，我肯定。"

接下来的几周里，每次训练我都表现得更加无畏，一有空当我就会连续带球，寻找最后一击的机会，训练结束后我经常和马丁再留一会儿练习射点球。晚上回到家，在我们的地下室里，我会有意在和西蒙一对一时只使用自己的左脚，左脚技术是我的弱项，我希望能弥补这个不足。这样做的确有效，但勤奋的代价就是精疲力竭，回到房间我经常一头栽到床上，倒头就睡。有时候我训练完回到家已经8点30分了，全家就等我到那时候才一起吃晚饭。

但我的兴奋度却每天都在增加，我们的下一场比赛已经越来越近，这是一场非常重要的比赛，我很兴奋，同时也有点儿紧张，我在训练中的感觉越来越好，但是我能在这场重要的比赛中出场吗？我能进入首发阵容吗？比赛的前一天晚上，这些问题在我脑子里挥之不去，让我很久都无法入睡。

第二天早上一睁眼，比赛的事又马上占据了我的思想。这是我们在大场地上进行比赛的第一个赛季，我非常希望从比赛的第一分钟起就能登场！父母开车把我送到那里，我紧张地在后座上来来回回地移动。在更衣室里，我得知自己又一次进入了替补阵容，无比失望，看台上都坐满了，很多孩子的家长都来了，非常吵。眼前的人造草坪非常大，在派尔我们都还只在踢小场比赛。半场结束，我们以0比1落后。"托马斯，热身！"教练突然叫了我的名字，"马上准备上场，这是你应得的机会，因为你倾尽了全力！"

太棒了！我这样想着，朋友马丁说得没错：你必须有耐心，绝不能放弃。教练把我安排在右前卫的位置上，马丁大脚开出了一个远距离的球，我用胸部停好球，又摆脱了两名防守球员，这时候我在门前看到了空当，我已经完全准备好射门了，但我看到前锋本尼已经跑进禁区正在向我挥手，我把球传给了他。本尼凌空抽射，把球射进了球门的远角，1比1！"很酷的传球！"本尼朝我喊道，我们击掌相庆。

"好样的，托马斯！还有10分钟，继续干！"教练在边线上喊道。他疯狂地挥舞着手臂，不断给我们指示。我从对方一名球员脚下铲到了球，然后开始带球奔跑，和本尼来了个二过一，这次是我得到了射门机会，我看到对方门将距离球门有点远，就吊出了一个高球。眼前的景象对我来说就像正在播放的慢动作，对手和我都紧紧地盯着球，门将的动作越来越伸展，最终他没有够到球，2比1！此后不久主裁判吹响了终场哨声。

我有一种感觉，现在我才算真正加入了拜仁慕尼黑。我和队友们在草地上打滚、庆祝，在接下来的几场比赛里，我再也没有落选过球队的首发阵容。

巧合的是，有一次我们的比赛在巴德格里斯巴赫进行，就是我在水星杯比赛期间赢得住宿券的那个酒店所在地。这样父母就可以去那儿看我比赛，然后去酒店度过愉快的周末了。门将马丁成为我真正的挚友，有时候我会留在他家过夜。这段时间似乎一切对我来说都很美好。

但我知道，未来还有很多挑战等待着我。

第三章

第一次前往皇家马德里

我的生活变得非常美妙，每一天都被上学和踢球完全填满。除了在派尔和拜仁的训练，我每隔14天还要进行一次基础性训练，这是我所在的地区为最优秀的人才特意安排的培训。

我几乎不可能在下午时间见到我学校里的朋友们，但有失也有得，在拜仁慕尼黑团队中，我获得了新的友谊。

无论对手是谁，对他们来说我们都是强大的拜仁慕尼黑，他们会比往常多拿出10%的劲头来对抗我们，连对手球队的家长们看到我们都会更有动力，他们会在裁判每次做出判罚后都大呼小叫。人们对待拜仁慕尼黑的态度两极分化，却让我们团队中的男孩们更加紧密地团结在一起。

父母也会来看我们的比赛，但他们却表现得非常克制，对此我十分感激他们。

在我转会到拜仁慕尼黑的半年后，有一天家里的电话响了起来，是慕尼黑1860的人打来的，他们想签下我。"对不起，我已经为拜仁慕尼黑效力了，我觉得那儿很棒。"我对打电话的人说，"您迟了一步。"

还有一件事我必须做出决定，那就是我是否继续打网球，我已经没有时间同时参加两个项目的训练了，每周的时间表都被全部填满。对此我没有任何犹豫就做出了选择：足球，百分百。足球承载着我的激情，网球更像是我的爱好。

现在我要去魏尔海姆上中学了，因为派尔没有中学，我只能每天一早坐公共汽车去学校，而且学校的事情越来越多，应付起来真不容易。整个下午我都无法跟同学们一起做任何事，因为上完最后一节课，我要马上赶车去训练，连回家的时间都没有。球队的队友们上午也不会和我一起去上课，他们都在读慕尼黑的体育课程班，只有我仿佛生活在两个世界，很辛苦。

现在我不在家的时间越来越多，因为要跟着球队去比赛，只能住在酒店里，好在我并不想家。每次回家父母和西蒙都会给我一个拥抱，派尔的朋友们也都会来看我，这让我非常开心。到各地去比赛对我来说就像一场场冒险，充满了乐趣。

我对一切充满了好奇和求知欲，不同的国家，不同的城市，不同的对手。我觉得这很酷！

在巴塞罗那举行的锦标赛上，朋友马丁在第一场比赛中就受伤了，他在击球时肌肉突然拉伤。我们没有带替补门将，剩下的比赛，教练只能从其他球员中挑选一个人客串门将，我突然想起在我家的地下室里，和弟弟西蒙对决时我经常充当门将，为什么不呢？于是我跟教练说："让我来吧。"我真的觉得把自己扔出去摔在地上有点意思，我相信自己能做得不错。在四分之一决赛中，我们战至点球大战，我扑到了一个球，但可惜这没能帮助我们取胜，我们出局了。随后在酒店大堂里，我的旅行箱还被偷了，我就把它放在那儿了。愚蠢的是，在乘坐大巴去机场的路上，我才发现自己没拿箱子，我们马上给酒店打电话，请工作人员帮忙寻找，但它早就不见了。这是多蠢的一天啊！

除了这一次之外，我对出国旅行的感受都很好。在我加盟拜仁慕尼黑的第三个赛季，我们去西班牙参加了U14锦标赛，就在皇家马德里的场地上举行。我们一到那里就感叹不已，皇家马德里真的是神话之地，是世界上最迷人的俱乐部之一。

他们的一线队被称为"银河战舰"，因为齐达内、菲戈、贝克汉姆、罗纳尔多等巨星在皇家马德里齐聚一堂，他们每个人都出色得好像不是这个星球上的人。拜仁的训练设施已经非常庞大且现代化，而这里简直要用巨大来形容。皇家马德里给我们留下了深刻印象，我们一路走一路看，很想知道他们的少年队中会不会有像齐达内一样出类拔萃的球员。

来自很多国家的少年队都参加了这届比赛。在酒店大堂里，我们碰到了很多其他球队的球员，通过球衣我们就能辨认出他们从哪儿来，甚至还有一支球队从巴西赶来，我和队友们敬畏地从他们身边走过，内心对他们充满尊重。

我们的教练是利姆·特·基姆，他是前马来西亚国家队前锋，在柏林赫塔队效力过一年，在U13时就训练我们。他认为，我们应该在国际比赛中展现出良好的形象，这非常重要。基姆先生是第一位专门教我战术知识的教练，例如，如何在队友身后跑位，如何在比赛中拥有良好的视角，他一直跟我们强调"定向传球"，一开始我并不明白为什么要那样把球传给队友，因为看起来他们很费力才能拿到球，但后来我注意到，我们在行进中的速度越来越快，而且对手很难拦截我的传球。

当时我们有一名后卫球员受伤了，所以基姆教练才会问我："告诉我，托马斯，你能踢中后卫吗？"

我现在已经被任命为球队队长,这让我非常自豪。对我而言永远是团队至上,尽管我更喜欢踢进攻位置,但如果我能帮助球队做好防守,我一定会做的。所以对于这个提问,我并不需要考虑太久。有我在后场支持,比赛进行得很顺利,我们赢下了这届锦标赛!

回到德国后,基姆教练决定让我继续担任中后卫,有9个月时间我一直在踢这个位置,但我更喜欢埋伏在进攻线上,直接寻找射门机会或者找出空当送出致命传球,我更爱进球和为队友策动进球的感觉。

随后我迎来了一场具有特别意义的比赛。与罗森海姆的那场联赛对我和整个后防线来说都堪称灾难,没什么好掩饰的,这是我们废掉的一天。半场结束时我们以0比2落后,而且前场进攻机会寥寥,当然客观原因也不能忽视,我们有多名重要的前场球员受伤缺阵。尽管基姆教练想把我打造成后卫,但此时他做出了另一个决定。中场休息时他改变布阵把我从中卫换回到了右前卫的位置上,马上我就有了一种如鱼得水的感觉,我在前场马上起到了作用，最终我们完成逆转取得了这场比赛的胜利。在这场比赛后，基姆教练让我回到了我习惯的右前卫位置上。谁知道呢，如果不是罗森海姆的这半场比赛，也许我到今天还是中后卫呢，无论如何我很高兴是现在这个局面，我又回到前场了。

少年时代的我踢球并不像后来那么有威胁，我是一点点取得进步的。在U15梯队中训练我的是海科·福格尔。海科后来还做过巴塞尔队的主教练，他带队把曼联踢出了欧冠，一直打进了欧冠八分之一决赛。在他的战术安排下，我成为防守型中场，相当于防守中的"第六人"。现在我们每周要训练六次，塞贝纳大街非常繁忙，我们要和U17青年队共用一块人造草坪。很多年轻球员喜欢穿人造草训练鞋，我却一直不喜欢，我更爱穿普通的胶钉球鞋。

进入春天的时候，我们正在为冠军而战。在一场有决定性意义的比赛开始前，海科对我们发表了讲话："小伙子们，今天我们肯定能赢！今早上厕所的时候，我突然有了这个预感。"他的讲话立刻缓解了紧张的氛围，同时激励了我们，我们果然赢下了这场比赛。

我非常喜欢海科的执教方式，他幽默感十足又很专注。

这个时期我的头球能力进步显著，经过大量训练，我的跳跃时机掌握得很好，在中场与对手争顶时优势明显。我们的防守也没有遇到大麻烦，但是我的射门成功率还算不上很高。在拜仁慕尼黑的前4年，我打进了很多球，但我觉得我其实可以做得更好。

直到进了U16青年队，我的射门成功率才算达到了我对自己的要求。那时候我们打4—4—2阵型，我负责镇守中场右半区，教练换成了比约恩·安德森，他是20世纪70年代的瑞典国脚，也曾在拜仁踢中场。我想说，整个青少年时代我在拜仁俱乐部跟随过的所有教练都很棒，几乎每个赛季我都会遇到一位新教练，这跟很多小俱乐部不同，某一位教练不会一直跟着我们，我们的年龄每长一岁就会升级一个年龄组，也就会跟随一位新教练，比如，在安德森之后，我们开始跟随史蒂芬·贝肯鲍尔训练，他是足球传奇弗朗茨·贝肯鲍尔的儿子。进入 U19 青年队后，我们的教练是库尔特·尼德迈尔，他为拜仁慕尼黑和德国国家队都效力过。每位教练都有自己的足球哲学和训练方法，我从他们每个人身上都受益良多。

我们的教练也会一直与我们的父母保持联系，还会告诉父母我们在球队里的前景。有一次海科教练就和父亲谈到了我的未来发展，他告诉父亲，在足球世界里，你永远无法预测一名球员能走多远，因为这取决于很多因素，竞争太激烈了。但海科教练无论如何都相信，我能靠足球养活自己："不用担心，穆勒先生，我不知道这条路有多远，但我相信，托马斯肯定能轻松地资助他自己完成学业。"

这条路我真的很想一直走下去，并让自己变得越来越好，虽然此时的我还没有成为职业球员的具体目标，而是想让一切顺其自然地发生，但我心里那个伟大的梦想一直都在，壮志已然在我胸。

与队友们相比，我的腿还是很细，就像一只鹳，我的上半身也没那么强壮，但我不会抱怨自己的身体，我也不应该抱怨。球队里总流传着我的各种外号：牙签、傻瓜、鹳，但我非常放松，这只是玩笑而已，无论一个人高矮胖瘦，他都有自己的优势。我甚至觉得，我的两只细腿也帮了我不少忙，正是因为它们，我经常被低估，同时我也要早动脑筋学习识别正确的跑动路线，以避免不必要的冲突。

经常与业内的杰出人才做对比让我获益匪浅。每年巴伐利亚州都会选出最优秀的球员前往杜伊斯堡参加观察赛，决出非官方的德国冠军。学校为此批准了我的请假申请，比赛期间我可以不去上学，但是回来后我得把这几天落下的课程补上，对我来说这可一点都不轻松，好在能去旅行无论如何都是值得的。

在杜伊斯堡，我们的对手是其他各联邦州的精英队，这样的直接竞争每年都会让我们斗志昂扬。比赛期间我们住在韦道体育学校里，这能在短时间内凝聚起团队精神。不仅我们的父母会来看比赛，很多教练、经验丰富的球探和经纪人都会来到这里观察我们的表现。

我在杜伊斯堡得到了德国足协球探的关注，他们提名我参加了一个观察课程，然后把我选入了德国U16国家队。我和很多国家队队友就是在这个观察课上相识的，随即我们共同开启了为国出战的征程。我第一次披上德国国家队球衣时刚刚过完15岁生日3周，在开场哨声响起前先高唱国歌是一种很特别的感觉。那是一个周五，我们在下萨克森州洛恩对阵俄罗斯队，罗恩·罗伯特·齐勒为我们打入了进球，后来他成为职业球员，为汉诺威96和斯图加特等球队效力，还入选了德国国家队。当时为我们组织进攻的中场球员是马可·马林，几年后他在门兴格拉德巴赫大放异彩，成为德甲赛场最有攻击力的球员之一。

我在拜仁慕尼黑的队友维克多也和我一起入选了U16国家队。我在这场比赛中一开始并没有出场，直到比赛第58分钟，主教练拜恩德·斯托贝尔才让我替换凯文·佩佐尼（后来为科隆队效力）登场。胸前佩戴着联邦鹰队徽在草地上奔驰的感觉固然很棒，但是我的压力也很大，一切并不容易。我很想完全展现自己，但是我和新队友的配合并不像在拜仁慕尼黑时那么流畅，对手的几名球员身材比我高大许多，这场比赛让我认识到，在国字号球队里踢球，面对的完全是另一种挑战，我表现得有点紧张，但我们还是2比0拿下了对手。

两天后，与俄罗斯队的第二场比赛在加雷尔举行，这是我第一次在国家队比赛中首发出场，依然是和拜仁慕尼黑队友维克多一起，他也进入了11人大名单。这场比赛最终以0比0结束。随后的几个月拜恩德·斯托贝尔一次又一次把我召进了U16国家队，有一次我们还是在德国最大的体育场之一——柏林奥林匹克体育场进行的比赛，当时的对手是瑞士队，这实在是太酷了。

但几周后与法国队的比赛完全不属于我们，我们以0比1失利。比赛只进行了30分钟，斯托贝尔就把我换下了场，对我来说，这是一个沉重的打击，我对自己非常失望。

我没有被邀请进入国家队下一阶段的训练课程，斯托贝尔告诉我，在对抗方面我还有欠缺，我必须清楚这一点并好好改善。我计划先在俱乐部继续努力，争取下一次国家队选拔时，教练们能带上我。事实上，在拜仁慕尼黑的日常训练中，我很快就消除了失望的情绪，我的目标是无论如何都要入选下一年龄段的国家队。

在今天看来，这次落选的经历对我来说反而是件好事，它让我知道，没有谁是永远一帆风顺的，失败是为了让我们直面它，并为之付出更艰苦的努力。

在拜仁慕尼黑，我继续留在U16青年队中，我当时的队友有霍尔格·巴德施图贝尔，他后来进入拜仁一线队并入选了国家队。当时，我们和一线队球员们在塞贝纳大街的同一块草坪上训练，米歇尔·巴拉克、罗伊·马凯都在一线队阵中，弟弟西蒙还把他们的照片印在了自己的床单和被罩上。5年前和我一起签约拜仁的那些优秀人才现在只剩下了4个人，因为每年都会有新的球员加入拜仁，而其他人必须离开为新球员腾出位置。

这个赛季的下半程我跳级了，也就是说，虽然我的年龄应该隶属拜仁U16青年队，但拜仁U17青年队主教练希望我加入他们，打地区联赛。在阿施海姆，我第一次跳级参赛，我已经长到了 1.84 米，这对我来说是个优势。

在全德国最高水平的 U17 地区联赛中，我们遇到了弗赖堡队，在我身后镇守后防的人正是马茨·胡梅尔斯，可惜我们输掉了这场比赛，冠军也与我们无缘。对拜仁慕尼黑来说，无论什么比赛，目标永远都是冠军。可惜在 U17 年龄段，我们的同城对手慕尼黑 1860 展现了强大的实力，他们球队核心正是本德家的双胞胎兄弟拉尔斯和斯文，后来他们都成为我国家队的队友。他们还有超级射手萨维奥·恩塞雷科，他打进了很多球。这支出色的青年队为 1860 俱乐部拿到了冠军，其他球队根本无法与他们抗衡，我们在客场也和他们进行过一场比赛，那天非常冷，1860 队中有几名非常有实力的球员，还有几个人速度非常快，在身体上完全碾压我们，最终我们以 0 比 4 输掉了这场德比大战，这滋味实在是太苦涩了。

因为这事关俱乐部的声誉。职业俱乐部尤其会以各年龄段青年队的成绩来衡量自己的综合实力。17 岁年龄段的技战术能力已经显现了出来，俱乐部配备了理疗师照顾我们的日常，对我们寄予厚望。这场失利让我们青年队的士气受到了影响，1860俱乐部的训练场地就在拜仁附近，两队球员经常在路上相遇，邻居给了我们一个打击，可以想象，在他们的训练课上，他们会一边庆祝胜利一边嘲笑我们，这场失利真正刺激到了我们。

但既然失败也是足球一部分，我们只能快点走出来，一切向前看。

重要的是，我也要感谢足球给了我这些难忘的经历，对于很多年轻人来说，他们梦寐以求的一切已经真实地发生在了我的身上。

这个夏天的某个星期一上午对我来说很特别，我们得到允许可以进入安联球场比赛。这座为2006年世界杯兴建的全新球场在几周前刚刚开放，我们将在这里与以色列和巴勒斯坦联队进行一场比赛，因为以色列和巴勒斯坦长期存在着争端，这场比赛象征着和平。拜仁俱乐部邀请了很多孩子和青少年来到安联球场，看台上有44000名观众观看我们的比赛，以色列议会临时议长西蒙·佩雷斯也坐在看台上，巴伐利亚电视台还对这场比赛进行了直播。我们还从来没有在这么多人面前踢过球，除了联赛最后一轮，我们青年队平时的比赛最多也就有100名观众会现场观战，甚至更少。

以防受到攻击，这场比赛的安全防范等级非常高，但一切都进行得和平有序。开球前佩雷斯和巴伐利亚州州长埃德蒙德·斯托伊贝还来到球场上和每名球员握手、打招呼。我在这场比赛中打进一个球，我们以4比0获胜，但相对于这场比赛的意义，它的结果并不重要。

"这是一场年度最佳比赛。"拜仁俱乐部时任经理乌利·赫内斯在赛后说，"一场为和平而进行的具有历史意义的和拥有震撼表现力的比赛。"我在15岁的时候对政治还没有那么了解，但我知道，我们的比赛发出了一个重要的信号：足球拥有着巨大的力量，它能把所有人团结在一起。这一天让我感觉很特别，我很高兴我们可以依靠体育来做善举。我也意识到自己在这座宏伟的体育场里、在被修剪得整整齐齐的草坪上踢球有多开心,将来如果我能经常在这里奔跑、欢呼、庆祝该有多好啊!

这段时间我结识了球员经纪人路德维希·科格,他跟我来自同一个地区,曾是德国国脚,为拜仁慕尼黑效力过很长时间。我们之间从一开始就产生了完美的化学反应,他的建议对我真的很有帮助。我和父母都非常信任路德维希,很高兴我们身边能有一个既专业又诚实的顾问。

新赛季我只是不定期地得到国家队的召唤。国家队教练告诉我,我并没有从候选人名单中消失,但我必须更加努力。我很失望,但尽量以积极的心态面对:这样我就能把更多的精力放在拜仁俱乐部上。拜仁教练总是不断告诫我:"托马斯,重要的是俱乐部表现,其他的都会随之而来,为国家青年队效力不意味着你收获了什么,也不能保证你能成为职业球员,而且没有得到征召的人不应该觉得这就是世界末日。"我理解他的意思:人要正确地看待

第三章　第一次前往皇家马德里

一切事物，直到今天这都是我重要的处事原则，对我帮助很大。

在 U17 和 U18 两个年龄段，我经常充当国家队"边缘"人物，如果有人受伤或由于其他原因还需要进攻球员，我就有可能得到征召。但有几次因为受伤或学校的课程太紧张，我也不得不放弃到国家队集训的机会。直到两年后，我才再次为德国国家队出战，这已经是 U19 国家队的比赛了，我们以 1 比 0 击败英格兰队。

进入 U19 青年队第一年，虽然很多队友都比我大一岁，但我还是很快就进入了球队的主力阵容。球队很有实力，我们从赛季一开始就在积分榜上领先。有一次我们客场挑战弗赖堡队，他们的实力其实优于我们，但很不幸有两次他们都击中了门框，我们本来早就应该落后了，但不可思议的事就这么发生了：队友史蒂芬从距离球门 40 米的地方断球，皮球却一直飞过弗赖堡门将头顶，直接钻进了网窝，我们竟然领先并赢下了比赛。弗赖堡队主教练是克里斯蒂安·斯特赖希，后来他带领弗赖堡一线队取得了非常大的成功，但是前一个赛季在拜仁与弗赖堡争夺决赛席位时，他和球队非常不走运地成为被淘汰的一方，现在他又一次以这么倒霉的方式输给了拜仁。"根本不该是这样！"斯特赖希喊道，"总是这些巴伐利亚人，我再也不想和他们比赛了。"他非常绝望。

在U19青年队的第二年，尽管我觉得时间过得很慢，但终于我要高中毕业了。我选择了数学和经济／法律作为专业课，还要准备物理笔试和德语口试，来自各方的压力越来越大，空闲时间也越来越少。放学后我只能在家里待半小时，快速地吃点东西就得去赶火车，这时候我还没考驾照，有几天我的时间被挤压得非常紧张，如果放学稍晚一点，我就得完成一个冲刺跑才来得及赶上火车去训练。

比赛前我们通常在拜仁俱乐部内部餐厅用餐，餐厅里通常会供应面食和蔬菜。在这里我们经常遇到在俱乐部青年中心寄宿的男孩，我非常喜欢观察他们的生活，他们每天都在这里吃饭，然后在休息室里看比赛。与他们相比，我非常庆幸自己能和家人住在一起，能继续倘佯在派尔的生活圈里，随时获悉家里的所有事。

我必须承认，有段时间我的确想过辍学，但好在我很快就丢弃了这个念头。我和父母的意见非常统一：我必须坚持下去，拿到高中毕业证很重要。谁知道我的职业生涯能不能成功呢？一次重伤就足以让我伟大的梦想瞬间破碎。也没有人能向我保证，我一定能踢上德甲，要知道它是世界上最好的联赛之一，竞争非常激烈。

我必须手里握点什么，接受教育并体面地毕业只是最基本的要求，这样做才是对自己的一生负责，更何况学校带给我很多快乐，至少绝大多数的时间是，并不是每时每刻我都承受巨大的压力，可能也是因为我并没有向自己施压。我只是想拿到基本的高中毕业文凭，然后把主要精力放在足球上，如果无法成为职业足球运动员，我就去上大学。

我更偏爱自然科学，也不想隐藏对物理和化学的兴趣。为了学习，我经常得利用好每一分钟，我经常在去客场比赛的路上捧着书本，在回程的大巴车上还得继续学习。有时候数学会让我感觉有些棘手，在我的专业课上，班里其他同学成绩都很好，有些同学非常聪明，但并不是每一门课都能激发我的兴趣，我得承认，有时候我真的很盼望下课铃声早点响起。

托马斯·奥本海默是我在学校里最好的朋友之一，他的冰球打得十分出色，后来他成为职业冰球选手，还入选了国家队。在班里有一段时间我们坐同桌，趁老师不注意，我们经常讨论各种各样的事，不训练的时候我们还一起去打网球。

我很少参加聚会，因为我更希望第二天自己能精力充沛地去训练。我从来没有去酒吧或者夜店的欲望，不想让自己的耳朵整晚受刺激。

为此我在U19青年联赛中获得了回报，我的表现一直很稳定，正是从这时候起，我对自己有了具体的规划：我相信自己可以成为职业球员！

随后我得到了人生中第一份职业报价。奥格斯堡俱乐部在联赛中看中了我并希望签下我,当时他们正在德乙联赛征战。奥格斯堡距离慕尼黑并不远,去那儿踢球我可能都不用搬家。我和经纪人路德维希·科格与奥格斯堡俱乐部经理安德烈亚斯·雷蒂希进行了会面,这是一种互相了解的方式,有点像自我介绍。除了相关问题外,我们还谈到了我的优势,依照我无拘无束的性格,我毫不隐瞒地说道,我并不是那种速度快的类型。路德维希在旁边严厉地看着我,后来他对我说:"你不能说你不快!你可以说你会像在流水线上工作一样射门得分,这句话能起到决定性作用。"直到今天我们想起这件事还会哈哈大笑。

奥格斯堡的雷蒂希先生非常友善,他们真诚地想签下我,但是父母、路德维希还有我很快就达成了统一:现在对于我来说转会并不合适,我个人也很想留在拜仁慕尼黑继续证明自己。

在拜仁 U19 青年队中,后卫是霍尔格·巴德施图贝尔,中场是托尼·克罗斯,我们合力打进了德国全国冠军赛决赛。半决赛让我们大费周章：客场 2 比 2 逼平不来梅，回到主场我们终于以 4 比 2 拿下了最后的胜利。马克斯·克鲁斯是不来梅队中最好的球员之一，他后来入选了国家队。我在半决赛的进球被放上了油管（Youtube）频道，几年后我还回看过，重温了一下自己从右路横切进中路，然后射门得分的瞬间。

决赛定于星期日上午在勒沃库森举行，在这座平时只进行职业比赛的球场里，本场 U19 比赛的门票被销售一空，有 22500 人到现场观看比赛，这真让人吃惊！我从比赛一开始就非常紧张，慢慢才找回自己的状态。我接到一个长传球，勒沃库森的门将已经出来了，但我比他更快，我就在他身边顶到了皮球，帮助球队取得了领先。下半场比赛我不得不被替换下场，因为我的小腿严重抽筋，这太让人崩溃了，通常在比赛快结束的时候我才会出现这种情况。更不幸的是，一个进球并不足以帮助我们夺冠，勒沃库森扭转了比赛，我们战至加时赛却以 1 比 2 败下阵来。

尽管我带着失望结束了自己在 U19 青年队的成长岁

第三章　第一次前往皇家马德里

月，但它的重要性不言而喻，这个夏天我越来越意识到：我拥有成为职业球员的能力！本赛季我攻入了18粒进球，还有很多助攻。

幸运的是，父母并没有给我施加任何压力，我也不会给自己压力。

但我并不觉得这一切都能在拜仁慕尼黑实现，几年后说不定倒有可能。

这段时间我总从队友们那儿听说，他们的父母是如何期待他们成为职业球员的，但这起不了任何作用。现在回看，我绝对不希望我的父母承受这种压力，我希望水到渠成。我只有73公斤重，但我完全能跟对手抗衡，我总是尽力保持头脑敏捷，在禁区周围寻找可以利用的开阔空间。

这样做的效果很好，我想做的事也越来越多。

附言

经纪人路德维希·科格谈托马斯的巨大成功

我第一次见到托马斯是在U16青年队的一场比赛中。我的经纪公司的球探跟我建议说:"拜仁慕尼黑有一名球员,你绝对应该去看看!"我们的球探每个周末都奔波在慕尼黑附近各个足球场里,他给我写下了一个名字:托马斯·穆勒。几天后我就去塞贝纳大街看了拜仁青年队的比赛。

托马斯的才华在球场上非常突出,他的踢球方式很特别。大多数年轻球员会因为拥有某一项技能脱颖而出,比如速度特别快、技术出众或者心理素质强大,但托马斯不是,他在所有方面都能力出众。

为了能更全面地了解他,我还需要多看看他的比赛,因此我追随了拜仁青年队一段时间。在与雷根斯堡队的一场比赛中,我更加确定我对他的整体认知是正确的,他踢球很直接、富有效率,这场比赛后我就深信，托马斯一定能成为职业球员。

在对托马斯的进一步了解中，我得知他还没有经纪人。当时大多数 U16 青年队球员都没有经纪人，而现在很多小球员从 13 岁起就开始与经纪人合作了。我还发现托马斯的家乡派尔距离我的家乡彭茨贝格非常近，只相隔了 20 公里。很快我就在塞贝纳大街见到了托马斯的父母，我告诉他们，我想成为他们儿子的经纪人，会和他们全家一起为托马斯的未来保驾护航。

有一次，我们共进晚餐，我向托马斯家人讲述了我对年轻球员职业前景的看法。这时托马斯刚刚跳级到 U17 青年队，对年轻球员来说，很难判断他们到底能在这条路上走多远，因为这取决于很多因素，但我对托马斯和他的家人说："我坚信托马斯未来几年就能登上德甲赛场。"

我自己在非常年轻的时候走上了职业之路，成为职业球员第一年就获评年度最佳球员，后来入选了德国国家队。当时我非常希望在某些重要时刻身边能有经纪人，一个有经验的人往往能从全局角度给你带来实质性帮助。在我职业生涯最后几年，越来越多的年轻球员来找我寻求帮助，比如他们会来问我，能不能帮他们检查合同，我很感激他们的信任，也很愿意给出我的建议。对我来说，能够真的帮助到他们是件很有意义的事，这就是我在职业生涯结束后马上成立经纪公司的原因。我的理念就是陪伴球员走完他的整个足球生涯，从始至终。作为经纪人，我会始终向他提供我的认知和经验。我和托马斯从一开始就很合拍，与球员间的紧密联系对我来说非常重要，我俩对此都很看重，相互信任至关重要。

托马斯在进入U16梯队后的发展越来越好，特别是他有一项伟大的天赋：对手越强大，他的发挥就越好。这样的情况总是发生，越到真正重要的时刻，他的表现就越高光，这是一个巨大的优点。在U19青年队时，但凡那些重要的比赛他都表现出色，在关键时刻进了很多球。

从一开始托马斯就非常自律，训练也非常系统。他能把几件事同时兼顾好：大运动量的训练、到各地去打比赛、去学校上课，这需要坚强的意志才能做到。他的很多时间都花在了路程上，但他却把一切都安排得井井有条。在拜仁U19青年队中，托马斯和霍尔格·巴德施图贝尔是最出色的球员。

至今仍令人惊讶的是，托马斯非常顺利地完成了从青年队向成年队的跨越。进入拜仁U23梯队，也就相当于进入成年队的第一个赛季，他就在德国第三级别联赛中打入了15粒进球。这比他前几个赛季的发挥都要好，而对于绝大多数球员来说，进入成年队第一个赛季往往是最艰难的。

我向托马斯提出了一些在此阶段需要引起重视的建议，比如我很确定，他的身体要更强壮些才能与其他职业球员对抗，我推荐他强化力量训练。但我很快就发现，他只要保持他原有的样子就很好了，因为他一直让自己的身体处在最强壮的状态里。

在成为职业球员后，托马斯更是进步神速，他的另一个天赋也显现出来：他非常懂得利用球场上的空间。托马斯不是那种绝对的一对一型球员，但是他总能突然出现在对手完全猜不到的地方，行踪难以预料，而且他几乎从不受伤，这在整个世界足坛都不常见，尤其是在那些高水平赛事上，身体总是被迫承受着令人难以置信的负担。在过去10年中，托马斯参加了超过600场比赛，只有一次他因为肌肉受伤进行过休息，其他伤病几乎没有。

托马斯有过很多次转会到其他俱乐部的机会。在青年队时他收到的报价并不多，到了成年队后却越来越多，甚至可以说，俱乐部们开始排着队找上门来，其中包括很多德甲球队。对托马斯来说，路易斯·范加尔就像他的幸运天使，他说："那个托马斯无论如何都要留在拜仁！"后来的一切似乎很快就发生了：托马斯进入了国家队，他拿了三冠王，成为世界杯冠军。我当然会觉得自豪，这一切都是他应得的。

更美妙的事情在于：托马斯从来都没有变，成功并没有改变他，当然每个人都会继续往前走，但托马斯一直保持着他的初心。

在我看来，托马斯的职业生涯向我们展现了一个真理：努力工作、保持耐心、相信梦想的人一定会得到命运的奖励。

路德维希·维格尔·科格

为拜仁慕尼黑和斯图加特效力期间，获得6次德甲冠军，1次德国杯冠军，科格暨友人有限责任公司创始人

第四章

穆勒训练穆勒

赫尔曼·格兰德在负责训练拜仁U23梯队期间对我的影响非常大。他是一位传奇人物，绝对名副其实！他早就执教过德甲球队了，先在波鸿，然后是纽伦堡，外号"老虎"，这大概跟他顽劣的性格有关，做球员时他就在与对手的争斗中尽显攻击力。刚加入他的球队，我就开始想象他冲我呲牙咧嘴大喊大叫的样子了。

赫尔曼非常严格，但也同样幽默。我很快就发现，我俩总能进入同一频率，都喜欢开些毫无意义的玩笑，这并不能改变我对他发自心底的尊重，他对我和所有队友的要求都很高。当然我也很清楚，赫尔曼对每个人的评价都会对我们以后能否升入一线队产生决定性影响。

我一直是这种类型的球员，对他交付的任何事都认真完成，所以我和"硬骨头"格兰德相处得非常好，他评价我很有才华，还为我指出了不足："你要有决心升入一线队并付出艰苦的努力。"他告诉我，我的防守能力还需要提高，虽然身为进攻球员，但我必须协助球队做好防守，他希望我能做到这一点。

我记在了心里。后来赫尔曼还给我起了一个绰号："小广播穆勒"，因为他认为我太爱讲话，我们都觉得这个绰号很好笑。

赫尔曼认为我在U19青年队时表现很好，因此把我排进了U23梯队主力阵容，我在这里是年纪最小的球员之一。对阵翁特哈辛的比赛，那是他第一次派我替补出场，当时我们正以1比3落后，上场后我接到霍尔格·巴德施图贝尔的传球后射门得分，把比分改写为2比3，虽然最后我们仍以2比4输掉了比赛，但我在他面前展现了自己的实力。

赫尔曼的助理教练正是盖德·穆勒，那位与我同姓，小时候我还得到过他签名的史上最好的前锋之一。在德甲赛场，他创造了单赛季打入 40 球的传奇纪录。

盖德主要负责训练进攻球员，他毫无保留地传授给我很多宝贵的经验，比如在禁区内怎样做才更聪明：盖德向我展示了面对门将时最好的射门线路，以及选择何时射门会让门将来不及做出反应。有一次他还告诉了我一个前锋只能告诉前锋的心得："如果你想进球，就得更加自私！"他的意思并不是让我忘记球队，而是更果断地完成进球终结比赛。

这段时间盖德给了我巨大的帮助，他是一个伟大且真诚的人，他的经验直到今天仍让我从中受益。我们的友谊也是例证，我们都非常谦虚，对待老球员也非常尊重，从他身上我能学到很多东西。虽然他和我属于完全不同的前锋类型，我们身材不同，他的大腿肌肉也比我粗壮有力得多，用俗语形容他就叫"经典的禁区型前锋"，而我一直都是一个从中场突破到禁区弧再完成射门的球员，但在实战比赛和射门的本能养成训练中，这些差异完全是另一回事，与盖德的每次谈话对我来说都价值千金。

后来我还和盖德·穆勒一起拍摄过商业广告、接受过采访，不过那都是多年后的事了，我还需要付出很多努力才有资格与盖德·穆勒相提并论。

在足球和学业还必须并肩而行的阶段，我在上高中时又喜欢上了打羽毛球，而且我打得还不错，它为我拿到了15个课时积分。体育老师问我，我对自己的足球生涯有什么期待？我回答说，如果有一天我能踢上德乙联赛就是很大的成功了。当时我还只能想到，某一天我会从拜仁转会到一家小俱乐部，从那儿开始我的职业生涯，毕竟拜仁慕尼黑的"星"光实在是太璀璨了。

不过我也会对自己说，如果你连尝试都不敢，连自己都不相信，那怎么能实现它呢？

这时候我的生活还发生了一件非常重要的事，我认识了女朋友丽莎。我说的是真正的认识，因为严格地说，我们已经通过朋友认识很长时间了，丽莎的一个女朋友曾经和我的队友在一起过，但我俩并没有说过太多话。后来我们开始在社交媒体上聊天，几周后我们约会了。丽莎会为我做面条配奶酪酱，非常美味，她还做了配汁沙拉，但是加了太多盐，当时我觉得丽莎简直太完美了，所以我什么都没说，乖乖地吃了下去。

为了我俩的第一次旅行，我向父母借了200欧元，我们去了意大利里米尼附近的贝拉里亚－伊贾马里纳。在海滩上和丽莎放松心情的感觉真好，同时我也要为接下来的目标蓄力了。丽莎觉得我非常专注并且动力十足，她跟我说："你一定能成为职业球员！"

我非常高兴她能这么相信我，还给了我很多勇气，但我是现实主义者。"在拜仁慕尼黑这真的很难实现，我必须先在预备队里做好准备。"我这样回答了她。

但丽莎非常肯定，她回应我："你一定可以做到。"在我身边能有这样一个坚信自己的女人实在是太好了，更何况她的预感真的很准。

第五章 成为职业球员

终于完成了！我高中毕业了！我的平均分是 2.8 分，对此我非常满意。过去几周的考试对我来说一点也不轻松，我得一边复习一边训练，同时兼顾学业和足球，但这是值得的，顺利毕业让我非常骄傲。

（德国学校按照 1—6 分的打分顺序计分，1 分最高，6 分最低，2.8 分是不错的成绩。）

我计划着和同学们一起去参加毕业典礼，但就在最后一门考试进行完的第二天，我因为开会关闭了手机，散会后我在回家路上打开手机时才发现，有人在语音信箱里留了言。我听到了他的声音——尤尔根·克林斯曼，哇！他是德国足球史上最好的前锋之一，作为球员他赢得过世界杯和欧洲杯，作为主教练他带领国家队在2006年德国本土世界杯上拿到第三名，今年夏天，他成为拜仁慕尼黑一线队主教练。克林斯曼留下了信息：托马斯，请明天来参加一队训练。

我非常兴奋，同时也很紧张，明天我要和那些迄今为止只在电视里认识的球星们一起训练了。主力阵容包括弗兰克·里贝里、马克·范博梅尔、泽·罗伯托、卢西奥、米洛斯拉夫·克洛泽、卢卡·托尼。我马上给克林斯曼回了电话，告诉他我已经收到他的留言，明天将准时到达训练场。好在此时我已经考完了驾照，可以开车去训练了。

我内心怀着巨大的尊重前去报到，幸好也有其他人和我一起得到了征召，其中包括在青年队时和我是队友的霍尔格·巴德施图贝尔和托尼·克罗斯。

国家队的球员还没有回到俱乐部报到，他们刚刚参加完在奥地利和瑞士举办的欧洲杯，还在休假，可以比其他球员晚些回归俱乐部。所以克林斯曼用年轻球员填补了阵容，他想看看我们能做些什么。当时我18岁，在预备队中踢进攻型中场位置，克林斯曼现在把我放在了锋线上。

他在自己执教的首场比赛中就把我派上了场，这是一场季前热身赛，我们对阵一家业余俱乐部利普施塔特08队。因为对新主帅处子秀感兴趣的人太多，这场比赛卖光了8000张门票，电视台还进行了直播。比赛仅开始了3分钟，我就把比分变成了1比0，后来我梅开二度，半场结束时我们以4比0领先，最终比分是7比1。

随后的几周我又回到了预备队，一线队前锋线上有卢卡·托尼、米洛斯拉夫·克洛泽和卢卡斯·波多尔斯基，攻击力实在是很强大，他们身后还有巴斯蒂安·施魏因施泰格和弗兰克·里贝里。但就在新赛季揭幕战即将打响的前几天，卢卡·托尼突然受伤，因为肌肉纤维撕裂他必须休息一段时间，尤尔根·克林斯曼把我排进了对阵汉堡队一战的出场名单中。这是我的第一场德甲联赛，太重磅了！

一开始我坐在板凳上可以清楚地看到我队的出色表现，施魏因施泰格把比分变成了1比0，波多尔斯基罚入点球，把比分改写为2比0，比赛只进行了16分钟似乎就没有悬念了。但不知为什么到了下半场我们却突然断线，保罗·格雷罗在中场结束前把比分缩小为1比2，而我早在青年队时就认识的皮奥特·特罗霍夫斯基又为汉堡队打入了扳平比分的进球。克林斯曼当然想赢下这场比赛，也希望在比赛最后阶段能有新鲜的空气吹拂我们的进攻线，距离比赛结束还有11分钟，他用我替换下了米洛斯拉夫·克洛泽。在青年队和预备队时我一直穿21号球衣，但在一线队该号码已经属于菲利普·拉姆，所以我得到了25号球衣，这个号码一直跟随我到了现在。很遗憾，替补出场的我没能帮助我的球队取胜汉堡，但童年时代的大梦想在今天变成了现实，这是我代表拜仁慕尼黑登上德甲赛场的第一场比赛、第一分钟。

在这次短暂的登场后，我非常希望能在下场比赛中继续得到出场机会，因为接下来我们要对阵多特蒙德，它是德甲联盟中最大的俱乐部之一，而且好友马茨·胡梅尔斯也转会去了那里。克林斯曼并没有选择我，我又得回预备队了，当然我非常失望，毕竟我好不容易进了一线队，表现也还不错，甚至得到替补登场的机会，现在可以说我又"降级"了。我不理解，因为与汉堡的那场比赛，我替补出场后太不起眼了？什么时候我才能再得到一次机会？这些问题一直萦绕着我。

但我不能让自己纠结于此，我告诉自己，事情不可能总是像链条一样环环相扣，我必须在赫尔曼·格兰德麾下拿出优异的表现。我做到了。在新赛季第三级别联赛中，我们与传统强队德累斯顿迪纳摩、杜塞尔多夫和奥芬巴赫共同鏖战。我们有一支出色的年轻团队，但是第三级别联赛和U19青年联赛不一样，尤其是那些大俱乐部，他们有很多经验丰富的成年球员，相比之下我们只能算是孩子。从某种程度上说，这就像是一次探险之旅，踏上它一切才算真正开始。

有些事我也必须习惯，在与帕德博恩比赛时，我在一次对抗中飞了出去，然后躺在地上动弹不得，赫尔曼眨着眼睛看着我，他管我叫"穆勒小姐"，因为在他看来，我与身体健壮的球员对抗时很容易摔出去。我很理解他的幽

第五章　成为职业球员

默,我从来不是那种被侵犯后一直躺着不起来拖延比赛时间的人,我也能读懂赫尔曼的言外之意:我还必须更加坚强。每一场比赛我都在让自己变得更好,直至我完全习惯了充斥着各种冲撞、明争暗斗的成年人的足球世界。

这个赛季我们带来了一些惊喜,新赛季首轮我们以2比1击败了柏林联盟队,整个赛季结束时我们排名积分榜第五名,这是一个令人激动的时刻。

我为预备队打入了15粒进球,成为队内最佳射手,而且是作为一名中场球员达成的。在整个第三级别联赛射手榜上,我排名第五,还没有其他像我这个年龄的球员能接近这个进球数字,但是克林斯曼整个赛季都没有再给我任何机会。

就在这段时间里,我和经纪人进行了是否应该转会的商讨。对我来说,在最高级别赛场上踢球现在尤为重要,冬季转会期时,霍芬海姆希望能打包签下我和霍尔格·巴德施图贝尔,也有其他俱乐部表示了对我的兴趣。

克林斯曼的看法一直都没有改变,他的球队中没有我的一席之地。同时我也发现，霍芬海姆和我们积分相同，领跑着整个德甲，他们是一家计划明确、脚踏实地的俱乐部，而且非常倚重年轻球员。

但是我的老大赫尔曼·格兰德拒绝了我的转会申请，在转会费问题上两家俱乐部也没能达成一致。今天我要说：这实在是太幸运了！直到现在我都非常感谢赫尔曼没有放我走。最后我们决定继续留在拜仁，俱乐部老板也明确表示会给我机会，他向我保证，新赛季我一定能定期去一线队训练。我签下了我的第一份职业合同。

圣诞节的时候，我正式向丽莎求婚。当时我们刚刚做完圣诞弥撒回来，丽莎被教堂里的烛火熏得有点头晕，但我们心情愉快，正期待着我们的圣诞大餐。在父母家的房子前，我问她是否愿意成为我的妻子，我甚至还没来得及单膝跪地，她就回答了"我愿意"。我俩都感到非常高兴。

尽管我在预备队的整个赛季都表现优异，但还是没有得到跟一线队去冬训的机会。我还需要继续保持耐心，对我来说这真没有那么容易，但保持冷静和专注总会带来回报。

3月份，我的另一个梦想成真了：克林斯曼把我排进了对阵里斯本竞技的比赛大名单，这是我第一次参加欧洲冠军联赛！它被誉为世界上最好的联赛，绝对的顶级足球联赛！比赛开始前，那段独一无二的旋律"最最最最好的"便会响起，多么美好的氛围啊，这才是足球运动员最该踢的比赛。

这是一场八分之一决赛次回合比赛，首回合我们以5比0轻松取胜，已经没人质疑我们会顺利晋级了。第二回合的比赛我们的表现显然也优于对手，当克林斯曼派我替换巴斯蒂安·施魏因施泰格上场时，我们已经取得了4比1的领先优势，但我还是得到了属于我的机会！我有不错的个人表现，终场结束前不久，我打入了我在欧冠赛场的第一粒进球，我们7比1赢下了比赛。

尽管我在欧冠赛场第一次替补出场就表现出色，也不意味着一定能进入一线队。当时我很难理解，在踢了这场比赛后我又被送回了预备队，直到联赛第 28 轮，我终于再次来到了德甲赛场。

我们 1 比 0 领先比勒菲尔德队，在伤停补时，克林斯曼想再拖延几十秒以保住胜果，所以才派我换下了卢卡·托尼。9 天后俱乐部领导层解雇了克林斯曼，当时我们在积分榜上只排在第三位，随后聘请了尤普·海因克斯担任临时主帅。海因克斯任命赫尔曼·格兰德为他的助理教练，正是赫尔曼告诉他，我最近的表现非常好，值得倚重。海因克斯果然这么做了。现在我每场比赛都能进入他的大名单，在我们战胜门兴格拉德巴赫和科特布斯的两场比赛最后阶段，他都安排我替补登场。这个赛季我总共在德甲赛场出场 28 分钟，这就是我的第一个德甲赛季，竟然连半场球的出场时间都没到，我想要更多。

新赛季拜仁慕尼黑签下了路易斯·范加尔作为球队新主帅。范加尔一直以提拔年轻球员而闻名，对我来说，他是一位非常重要的主教练，正是在他的帮助下，我的职业生涯真正起航了。

附言

克劳迪娅·穆勒谈儿子托马斯的成功

有些事对我来说就像昨天刚刚发生过一样。我下班回到家,看到我们的电话答录机闪着灯,显示有一条新信息。脱下鞋子后我按下了播放按钮,听到了一条带着施瓦本口音的留言:"你好,我是尤尔根·克林斯曼。"这真的是那个尤尔根·克林斯曼吗?拜仁慕尼黑主教练,还是有人在骗我们?

答录机里的声音接着说,他正试图与托马斯联系,请他明天去参加一线队训练。我丈夫回家后,我又给他放了一遍留言,因为我们的家人都非常喜欢互相开玩笑,一开始我们怀疑是托马斯的叔叔故意调整了嗓音在跟我们逗着玩。

后来我们又从头到尾听了一遍留言,确定这就是克林斯曼!再后来托马斯也告诉我们,克林斯曼已经通过手机联系上了他。

对我们一家人来说，这当然令人激动。作为父母，我们很早就发现，托马斯对足球是真爱。我们从不逼他做任何事，他应该自己对人生做出选择，但完成学业在我们看来非常重要。托马斯从小就很有责任感，也很理性，他很有上进心，坚持读完了高中。

我一直都很欣赏他的决心和自我约束力。我从来没有听他说过"妈妈，我今天不想去训练"这种话，对体育真正的热爱无疑是他在足球领域取得一切的基础，然后才是其他因素。他刚转会到拜仁慕尼黑的时候还是个小孩子，去训练要在路上花很多时间，我们很快就发现，如果他每周能不止一次地去塞贝纳大街训练，就能更好地融入球队，所以不久后我们就更频繁地接送他去塞贝纳大街，现在看起来这真是个正确的决定。

几乎所有的假期托马斯都不是在家里度过的，比如复活节总是有比赛；学校放假后足球更要排在第一位了；我们全家去度假时，他也总不能随行。当然我们非常希望和他在一起，也会非常想念他，尤其是奶奶，她总念叨"托马斯又不在"。但我们知道，与他的球队在一起征战对他非常重要，因为足球能带给他幸福。

我们去意大利旅行时，托马斯和西蒙一定要去米兰看比赛，我们就一起去了那里。2006年世界杯，我们得到了巴西与澳大利亚那场比赛的门票，为此我们特意买好了巴西队的球衣和T恤衫，托马斯作为球迷和我们一起坐在看台上，仅仅4年后，他就作为球员踏上了世界杯的赛场。

在我看来，时光真的如白驹过隙，但托马斯始终保持着他原来的样子。对他和西蒙来说，足球一直都很重要，我们为他们感到深深的自豪。

克劳迪娅·穆勒

第六章　登陆德甲

更换主教练后，赫尔曼·格兰德仍然担任助理教练。范加尔一上任就询问他，哪些年轻球员可以为他所用？赫尔曼指出了霍尔格·巴德施图贝尔、大卫·阿拉巴和我。范加尔果真听从了赫尔曼的推荐，把我们三个人升级调进了一线队。

范加尔是荷兰籍主帅，他执教过阿贾克斯和巴塞罗那等队，训练过埃德加·戴维斯、克拉伦斯·西多夫、哈维和伊涅斯塔等大牌球星，很早就让他们享誉足坛。他的执教战绩也非常成功：4次获得荷甲冠军，2次获得西甲冠军，还赢得过欧冠冠军。

我满怀希望并信心满满地开始了全新的赛季。俱乐部刚刚出售了卢卡斯·波多尔斯基,签下了马里奥·戈麦斯和伊维卡·奥利奇,主力阵容的竞争依然激烈异常,但这就是拜仁慕尼黑的传统,我把它视为挑战。

尤普·海因克斯此时已经成为拜耳勒沃库森队主教练,他想把我和霍尔格·巴德施图贝尔一起带走,这是一个不错的提议。海因克斯是一位伟大的教练,我和他相处得非常好,勒沃库森也是优秀的球队,非常看重人才,但我仍然想在拜仁慕尼黑获得成功。

在拜仁一线队,每名队员都可以在更衣室里拥有一个专属储物柜和固定区域。刚刚入队时,我被分配到角落里的一个位置,那儿总晾着被我们汗水浸湿的脉搏带。训练的时候我们会把脉搏带围在胸前,教练会根据它显示的数据为我们做评估,这样就能知道我们对训练的适应程度以及努力程度。训练结束后,这些带子已经完全湿透,还会带着汗臭味。

更衣室里当然会有更好的座位区域,但作为年轻球员,我已经为自己现在的拥有感到开怀了。后卫卢西奥的座位就在我旁边。

在这个赛季开始前的首场测试赛上，我就能感觉到我的踢球方式很适合范加尔的战术。在奥迪杯与AC米兰的比赛中，我从比赛一开始就被派遣出战，我进了2个球，最终我们以4比1赢下了比赛。

在德甲新赛季的第一场比赛中，我们遇到了霍芬海姆。亚历山大·鲍姆约翰在这场比赛中大放异彩，有一幕场景是他独自带球突破，最后想晃过门将，只可惜他把球趟大了。在比赛尾声阶段，范加尔派我出场，我非常努力地想扭转战局，但最终我们只收获了一场1比1的平局。随后与不来梅的比赛，我们还是没能改变1比1的结局，我仍然是在比赛临近结束时才得到出场机会，也没有奉献出色的表演。

第三轮比赛我们对阵美因茨队，这场比赛的开局就对我们十分不利，25分钟时我们已经0比1落后了，这次范加尔在比赛开始仅30分钟就换上了我。我很清楚，一名年轻球员在高水平的赛事上根本不可能无限制地得到展示自己的机会,我只能全力以赴,我也的确拿出了精彩的表现,有一次我试图远射,但与我同名的美因茨门将海因茨·穆勒在这场比赛中发挥尤为出色,他挡出了我的射门。

　　这是我在一线队第一场真正意义上发挥不错的比赛,但最终的结果却是我们以1比2失利。对于这样一个冷门,当时的报纸称"这场比赛让拜仁颜面尽失"。对于美因茨来说,这是他们在与我们的正式比赛中取得的第一场胜利,对于我们来说,这却是拜仁慕尼黑征战德甲赛场43年来取得的最差开局。

　　因为在三轮比赛过后我们只积2分,打入3粒进球却有4粒失球,在积分榜上我们只能名列第14位。范加尔必须做出改变。8月底,拜仁在转会窗口关闭前从皇家马德里签来了阿尔扬·罗本,他是到目前为止我还只能从电视上见到的超级球星,年仅16岁时他就登上了荷兰甲级联赛的赛场,在加盟皇家马德里前,他还曾为英超劲旅切尔西效力,他是2005年欧洲最佳青年球员,已经赢得过很多冠军，是真正的顶级球员。

这笔"超级转会"进行完的第一场比赛，我们遇到了沃尔夫斯堡队。

范加尔一开始并没有派罗本出场，却第一次把我排进了首发阵容，而且还是在右前卫位置上，当时甚至连弗兰克·里贝里都坐在板凳上。很多球迷和记者在看到这套出场阵容时都非常惊讶，但我们却以3比0赢下了比赛，我踢满了整个90分钟。对我来说，这是一次精彩的登台表演，当然它也为我今后能获得固定的出场时间提供了依据。

这场比赛过后就到了国际比赛日，国家队球员们前往各地集结参赛。这几周范加尔在训练时与我的互动更加紧密，有时候他让我打右前卫，有时候让我打前锋身后中间靠后的位置，这取决于我在哪个位置上能为球队提供最大的帮助。训练时他总是毫无保留地告诉我他对我的期望，清楚地向我解释，我的第一次登场表现如何好，又如何不好。

联赛第五轮是我们与多特蒙德的顶级对决。这一次范加尔把罗本排进了首发阵容，我在下半场时替换哈米特·阿尔滕托普出场，当时场上比分是1比1。我们在下半场的表现不错，施魏因施泰格和里贝里分别建功，为我们取得了3比1的领先优势，随后属于我的时刻到来了。多特蒙德门将罗曼·魏登费勒扑出了施魏因施泰格的射门，皮球鬼使神差地来到我的脚下，我起脚便射，4比1！这是我在德甲赛场的第一个进球，令我为之疯狂！10分钟后，就在终场哨音马上就要吹响时，奥利奇用脚后跟把球磕给了我，我在距离球门20米处直接把球送入了球网，5比1！就在我20岁生日前一天，这是多么纯粹的快乐啊！

"穆勒有趣却无情"，足球杂志《踢球者》当时这样写道。

主教练对我非常信任，能让他有这样的感觉对我未来的发展显然非常重要。他清楚地向我讲解了在防守时怎样做才能更有效，日复一日我的防守能力越来越强。范加尔对纪律性非常看重，他的战术要求很高，每个细节都要不断完善。

我必须非常专注并努力接受、吸收、实践关于足球的一切知识，足球不只是双腿的运动，也是头脑的运动。

现在范加尔总会不定期地把我排进首发阵容，在我们战胜多特蒙德仅仅3天后的欧冠小组赛上，我再次得到了首发出场的机会，我再次打入2球，我们以3比0赢下了海法马卡比队。

直到此时我才觉得自己算是真正来到了一线队，这种感觉很棒，随后范加尔就说了那句神奇的名言："穆勒永远都会在我的名单中。"

我当然很开心，但我绝不会把主教练的一句话当作免费门票。在足球场上没有任何人和事可以让你依靠，无论在哪个联赛，你永远都不能满足，你只能专注于足球本身，要求自己做到最好。

这个赛季的34轮联赛，范加尔没有让我错过任何一场比赛，有时候他甚至会把克洛泽和戈麦斯都放在替补席上，这两位顶级球员的经验可比我要丰富得多。

正是范加尔让我迈出了踏上征程的第一步，现在我要大踏步地往前走了。我想很多教练都没有这样的勇气，让一个像我这样的年轻球员去试水，却让那些花费了高额转会费而来的球星们做壁上观，为此我非常感谢他。

在短短的几天内我打入了4粒进球，这确实是一个积极的信号。我非常适应范加尔的训练方式，因为他的训练意图非常清晰，在球场上交给我的任务也非常明确，不然我根本不可能、至少是不可能那么快地融入一线队，我完全知道他对我的期望是什么。范加尔非常善于分析，比赛前他会给我们看录像，比赛后他会还原比赛场景，分析我们的表现，还会单独讲评我的个人表现。他不只关心我的进球率，更关注我还能为球队做些什么，对于他给予我的这份信任，我只想用优异的表现来回报他。

但是在欧冠赛场其他比赛中，我并没能拿出最佳状态，整个小组赛阶段除了对阵海法马卡比时的进球，我再无建树。

有时我会缺乏有持续力的表现，虽然对年轻球员来说这可能是正常的，但我对自己依然很恼火。进入冬天后的一个时期，我只贡献了几粒进球和助攻，范加尔有时也会把我换下场，但总体而言他依然很信任我，这对我很有帮助。

这个冬天我和丽莎结婚了。我们在伊斯曼宁登记处一个非常漂亮的婚礼大厅内对彼此说了"我愿意"。在有些人看来，20岁结婚可能有点早，但我知道，丽莎对我来说就是那个对的人。我们没有举行庞大而豪华的婚礼，只有最亲密的家人和朋友陪伴在我们身边，我的伴郎是托马斯，就是那个冰球运动员，我们的友谊从学生时代延续至今。这是堪称梦幻的一天。

无论怎样最终我还是要回归到我的足球道路上。在足球世界里有时真的很难解释，事情为什么没有按照它正常的行进轨迹发展，所以不必让所谓的原因困扰你太久。进行全面和严格的分析是必要的！自我怀疑？绝不！当时这就是我的座右铭，真的对我很有用。除此之外，我能感觉到俱乐部对我有着长期的使用规划，我正在与拜仁慕尼黑续约，又找回了我的状态。

在欧冠小组赛中，我们将做客挑战尤文图斯，这是小组赛最后一轮，关乎一切，尤其对我们而言堪称殊死之战——如果失败，我们将被淘汰。小组赛出局对拜仁慕尼黑来说是一种耻辱，压力让现实分外残酷。范加尔把我写进了首发阵容，我将出任右前卫。当时吉安路易吉·布冯、德尔·皮耶罗、特雷泽盖等世界级巨星都在尤文图斯阵中，布冯为了不错过本场比赛，特意推迟了膝盖手术时间，所有人都为这场比赛热血沸腾。

比赛的开局很不顺利，开场仅19分钟，尤文前锋特雷泽盖就把比分改写为1比0。再也没有退路了！我们承受着压力，但逆转了比赛！我们的门将布特亲自主罚点球，把比分扳为1比1，最终我们以4比1获胜。这是范加尔上任后踢出的最佳比赛，我们终于长吁了一口气，在最后时刻挺进淘汰赛！赛后我们在球场内和拜仁球迷一起欢呼，直到午夜才乘坐大巴返回酒店。俱乐部管理层特许我们为本场比赛的胜利庆祝了一番，他们说，这是一个神奇的夜晚，但搞派对对我们来说实在是太累了。

在那之后我们完全进入了既定轨道。在对阵波鸿队直接关乎夺冠的关键一战中，我打入了3粒进球，我们以3比1取胜。终场哨音吹响后，球迷们把我喊到他们的看台前一起庆祝着胜利，我们一起唱歌，享受着最纯粹的快乐。我的第一个真正的一线队赛季在德甲赛场交出了13粒进球、11次助攻的成绩单，同时收获了冠军。难以想象！年长的球员告诉我，第一个冠军是最美妙也是最特别的，我的感觉是，没有语言可以形容它，这太伟大了。

最后一轮比赛结束后，慕尼黑举行了全城庆典。我们球员坐在敞篷大巴车上行进在慕尼黑街道中，球迷们簇拥在街道两旁，一边欢呼一边向我们鼓掌致意。到达市中心玛利亚广场后，我们在市政厅阳台上向球迷们展示了我们的冠军奖盘。我能体会到这一天有多么特别，我们用足球给多少孩子、青少年和成年人带去了快乐和幸福，这种感觉很奇妙，我多么渴望未来能一次又一次去重温这样的感觉。

一周后我们又拿下了在柏林举行的德国杯决赛，德国足坛最重要的两座奖杯都归属于我们！这是我职业生涯的第一个双冠王。

我们还打入了欧冠联赛决赛，对手是国际米兰队。虽然我之前已经经历了几场决赛，但这绝对是我职业道路上迄今为止出现过的最重大的比赛。

还从来没有德国球队能同时赢得联赛、杯赛和欧冠三座冠军奖杯，我们站在了历史的机遇面前。

决赛在皇家马德里的传奇之地——伯纳乌进行，这场比赛吸引了近75000名观众到现场观看，还将同步向100多个国家做现场直播。可以说，5月的这个星期六晚上，整个世界都把目光聚焦在这22名球员身上。我再次进入首发阵容，但我们的意大利对手实力强劲，我们表现得太紧张了。国际米兰前锋迭戈·米利托把比分变成了1比0，在落后情况下我们举步维艰，下半场比赛我差点扳平比分，但国米门将儒里奥·塞萨尔得到了皮球，太不走运了！这段时间我们占据着优势，国际米兰已经开始回撤，他们把进攻机会留给了我们，自己则依靠防守反击。不幸的是他们的战术成功了，米利托又把比分变成了 2 比 0，国际米兰掌握了主动权，他们也配得上最终的胜利。

显然我们无比失望，三冠王的梦想已经破灭，我花了几天的时间才摆脱失利的阴云。我意识到，我们仍然可以为整个赛季感到骄傲，即使我们没能实现三冠加冕。

附言

教练赫尔曼·格兰德讲述托马斯·穆勒现象

在拜仁慕尼黑执教期间，我训练过很多杰出的球员，托马斯很特别。当他升入 U23 预备队来到我身边时表现得非常坚强，单从技术上讲，他并没有其他球员那么出色，从表面上看他容易丢球，拼抢时他也经常摔倒在地。为了激励他，我就管他叫"穆勒小姐"。

但托马斯一直有一个最大的优点：他能进球。不知道从什么地方他会突然冒出来，然后把球送进球网，没人知道他是怎么做到的。所以我经常会说："向穆勒致敬！还有谁能让我这么做吗？"在这方面他当时已经非常出色了，如果更直白地表达，那就是他的门前嗅觉非常灵敏，无论是在训练还是比赛中。这项技能是无法学来的，完全是托马斯的天赋。

在其他方面我们也一起努力，所以托马斯在技术上进步很快。他一直非常出色，态度也很棒，求胜欲强，尽管还很年轻，却拥有着一个人可以拥有的所有积极乐观的品质，所以仅仅一个月后我就建议俱乐部为托马斯提高了薪水。除此之外他速度很快，耐力也很出众，在训练中总是不遗余力，那时候他就已经是榜样型球员了。

这就是为什么当我得知霍芬海姆俱乐部想得到托马斯的时候，我去行政楼层找了我们的管理层。"他必须留下！"我当时就是这么说的。能在第一个成年队赛季就打入 15 粒进球，这是非同寻常的，这样的进球率堪称难以置信。我非常信任托马斯，拉尔夫·朗尼克当时也意识到这一点，所以才想把他带去霍芬海姆。

随后托马斯在拜仁慕尼黑展现了良好的发展势头。路易斯·范加尔只要想用他，根本不在乎他有多年轻，对托马斯来说这太理想了。他是一个了不起的人物，永远用积极的态度面对一切，俱乐部和球队对他来说永远是第一位的。他也是个好孩子，无论何时何地都乐于助人，他的父母对他的教育非常成功。经过一段不可思议的时光他已经成长为绝对的顶级球员，勤奋刻苦、值得信赖、坚持不懈，这些品质让托马斯在我眼中成为杰出的楷模。

我非常高兴能在托马斯职业道路上陪伴他这么长时间。很多年后，当我们早已结束了那段在 U23 的共事时光，有一天托马斯眨着眼睛对我说："赫尔曼，你对前锋的训练还真不赖。"

我俩都喜欢说笑。因为他很爱讲话，我就叫他

"小广播穆勒"或者"派尔的小广播",我曾开玩笑地跟他说:"托马斯,希望你能活到100岁,如果有一天你到了地底下,他们会把你的嘴封上,不然你会让整个墓地里的人陪你聊天。"

我们哈哈大笑,他明白我的意思,因为我没说错,在球队大巴上有时我会喊:"托马斯,闭嘴。"但如果他不在那发表长篇大论,你会觉得缺点什么。

赫尔曼·格兰德

托马斯在U23梯队时的主教练、拜仁慕尼黑一线队助理教练

第七章 为国出征

我在国家队的发展也还算顺利，现在我在 U21 国家队效力，我们的主教练是莱纳·阿德里翁。在拜仁慕尼黑我的身边有很多超级巨星，而在 U21 国家队，我们年轻球员必须自己肩负起责任，这对我们的发展非常有益。

秋天的时候电话铃声再次响起，这次是国家队主教练尤阿希姆·勒夫打来的，接下来国家队连续有两场赛事，分别对阵智利队和科特迪瓦队，我得到了参加第二场比赛的征召。几个月前我已经开始在德甲赛场有了固定的出场时间，现在又入选了国家队！但一开始我还要在 U21 国家队再待上一段时间，因为我们还有一场重要的与北爱尔兰队的预选赛要打，随后我要马上去向勒夫报到。"托马斯至少需要提前三四天与我们会合，以熟悉国家队的氛围。"国家队主教练当时向很多报纸和电视台的记者这样解释。我对进入国家队非常期待。

但是计划中对阵智利队的比赛被临时取消了，我只好又等了一段时间才与国家队有了链接。

两个月的时间过得很漫长，按照计划斯图加特有一场测试赛，这是我第一次来到国家队，但这一次前来并不是为了参加国际比赛，而是穿着国家队队服为赞助商拍摄照片。当时很多经验丰富的球员像巴拉克、克洛泽、默特萨克都站在我身边。

尽管在当时我并没有找到身为国脚的真正感觉，但勒夫已经给了我清晰的信号，他准备把我写入出征世界杯的大名单。

2010年2月在那时候看起来还如此遥远。在塞贝纳大街拜仁慕尼黑训练场上，我的老乡巴斯蒂安·施魏因施泰格告诉我，我入选了德国国家队与阿根廷队的比赛大名单。巴斯蒂安早就在国家队占有了一席之地，当时很多国家队的信息都是他告诉我的。实际上这是我第一次代表德国国家队出战，更巧合的是，这场比赛就在慕尼黑安联球场举行，我对它就像对自己的家一样亲切。南非世界杯将在这个夏天打响，我只想展现出自己最好的状态圆梦世界杯赛场，但这个念头只在我的头脑中浮现了片刻，然后我就把所有注意力都放在了这场比赛上。

我得到了首发出场的机会，并且表现得非常不错，直到第 67 分钟主教练将我替换下场，他在边线外一边鼓掌一边称赞了我。虽然我们以 0 比 1 输了比赛，但胜负在这个夜晚并不是最重要的事，勒夫更想知道，谁才是他可以信赖的球员。

比赛后我被带去参加了新闻发布会，记者会在此时向主教练和球员提问，这也是我第一次出现在国家队发布会上。在发布厅主席台上坐在我旁边的本应是阿根廷国家队主教练迭戈·马拉多纳，他曾是世界上最好的球员、体育世界的传奇人物，但他并不认识我。马拉多纳打着手势，显然他并不想坐在我旁边，他认为主席台应该是他一个人的，所以我站了起来让他先坐，并没有在意这件事。直到有人向马拉多纳解释说，我刚刚和他的球队踢完比赛，还在边线处他的眼皮子底下晃悠了半天，马拉多纳连忙在摄像机前向我表达了歉意。

进入初夏我得到了第二次为国家队出战的机会，在我们3比1击败波黑队的比赛中，勒夫在下半场时把我替换上场。这场比赛要感谢施魏因施泰格的2粒进球，我们才得以最终获胜。

随后就到了世界杯大名单的公布日期。但实际上在勒夫要向媒体宣布出征名单的这场重要的新闻发布会举行前，他已经先通知了球员们。我要飞去参加世界杯了！太不可思议了！小时候我曾把收集来的世界杯球员剪报都贴在一个特制的剪贴本上，现在我自己竟然成了其中一员。

可以说我们是一支出色的战队，阵容很年轻，很多球员都来自那支夺得欧青赛冠军的U21国家队，其中很多人代表国家队出战还不足10场，队中只有少数球员参加过上届世界杯。国家队主教练非常看重年轻球员，即使他很清楚我们在比赛经验上还有很多欠缺。当然，这对我来说非常有利。

拜仁慕尼黑有7名球员入选，我们是名副其实的拜仁方阵。当然这对国家队来说也是优势，因为我们相互了解，已经经过大量实战的磨合。施魏因施泰格、拉姆和戈麦斯对我来说就像大哥，他们在国家队的比赛中经验十足，给了我很多帮助。巴德施图贝尔也入选了世界杯大名单，这也让我十分开心，不管是过去还是现在，拜仁慕尼黑的球员们一直在德国国家队中占据着最大的比重。

在世界杯大名单出炉时，勒夫说："我们代表了8000万德国民众去参加第一次在非洲大陆举办的世界杯，我希望每个人都能拿出100%的专注度和使命感。"

这还只是第一份大名单，勒夫只能带23个人去世界杯，所以6月初他还必须从这份名单再删除4个人。接下来的几周我们都要全力证明自己，我们是队友，同时也是竞争对手。我的世界杯梦想是否能最终实现还未有定论，对我和其他很多队友来说，内心依然惴惴不安。

为了更好地备战，我们去了南蒂罗尔州训练营，而拜仁球员可以稍晚抵达，因为我们刚刚踢完欧冠决赛，可以先回家短暂休息。

在群山之间我们对有可能发生在世界杯上的所有情况都要进行训练：战术、跑动路线、角球和任意球，球员之间也需要更好地相互了解，毕竟良好的团队精神和愉快的氛围对于成功至关重要。

我抵达训练营的第二天就出了意外，一切都发生得太快了。作为再生恢复训练的主要内容，主教练安排我们上午要完成一个自行车之旅，我骑着山地车下坡时，前轮突然失控，砰的一声巨响我就摔了出去。之后我感到肩膀疼痛，返回酒店的路上我只有一个想法：千万不要受重伤！不然我会彻底与世界杯无缘，那里可是我最想去的地方。

回到酒店队医立刻为我进行了检查，我心里的危险警报解除了：幸运的是，我只是轻微地擦伤了下巴，有撕裂，但肩膀没事，下巴的伤口进行缝合后也可以自愈。我心里的石头总算落了地，现在这场事故留给我的唯一"纪念"，只剩下下巴上的一条小疤痕。意外发生的第二天，我就参加了新闻发布会，我看起来有点血腥和恐怖，但精神却非常好。总的来说，我的整个职业生涯都很幸运，我的身体抵抗力相当强。

世界杯开幕前几周，奥利弗·比埃尔霍夫来到了球队。他和德国国家队一起赢得了1996年欧洲杯冠军，现在他是国家队领队。"谁想要13号球衣？它现在还没有归属。"说完这句话他看着我问道，"托马斯，你想要吗？就给你吧。"13号是队长巴拉克的号码，因为受伤他已经无法出战本届世界杯。13号球衣也曾被盖德·穆勒穿过，在1970年的墨西哥世界杯上，他令人难以置信地打入了10粒进球，荣膺最佳射手；在1974年慕尼黑世界杯决赛上，也正是凭借他的进球，我们才战胜了荷兰队，问鼎冠军。这是多适合我的号码啊！我毫不犹豫地接受了13号。我并不迷信，恰恰相反，我对这个数字很有好感。

一架巨大的、崭新的A380飞机搭载着我们飞向了世界杯赛场。它有上下两层，同时装载着我们重达5吨的行李。音乐巨星夏奇拉也和我们同机，她将在首场比赛前的开幕式上献唱。机长在飞机降落时做了如下广播："7月12日我们将很高兴再次驾驶本架飞机接在座的世界冠军们回家，好吧，小伙子们，团结起来去战斗吧。"夏奇拉也在我们飞越云层的时候拿起了飞机上的麦克风，她跟我们说德意志有一支强大的球队。这真酷，她说得太对了！

飞行了11小时后，我们降落在约翰内斯堡机场，这里的球迷挥舞着德国国旗和他们特有的呜呜祖拉欢迎了我们。呜呜祖拉能发出巨大的声响，它由五颜六色的塑料制成，十分热闹。在抵达后的几天内，我们在一次公开训练时向南非球迷介绍了自己，欢乐的人群为我们送上了欢呼。

我们的世界杯揭幕战在德班举行，对手是澳大利亚队。这场比赛之前的几天，我还完全不知道自己能否进入球队首发阵容，在右前卫位置上，我的最大竞争对手是彼得·特罗霍夫斯基，早年间他也曾为拜仁慕尼黑效力过，现在加盟了汉堡队。国家队主帅正在我们二人之间抉择，到底是依靠经验丰富的他，还是我这个无忧无虑的"流星"呢？这颗"流星"还从来没有为国家队征战过大型赛事。幸运的是，他选择了我。要知道这仅仅是我为国家队出战的第三场比赛。

比赛刚进入开局阶段，我就在禁区内得球，我带球转身顺势完成了传中，卢卡斯·波多尔斯基已经到位，他把球送入了球网，1比0！

这是我的第一个助攻，它为我后面的比赛提供了保障和驱动力。随后克洛泽把比分改写为2比0。澳大利亚队又吃到一张红牌，场上只剩下10个人。下半场比赛我打入了自己的国家队处子球！而且这还是一粒世界杯进球！我一个假动作扣过了已经逼近的对方防守球员，完成了进球。卡考随后也打进一球，我们以4比0击败澳大利亚队。对整届赛事来说这绝对是个完美的开局。

赛后我父母在电话中告诉我，现在整个德国都在为世界杯而疯狂，无数人紧握着双拳为我们加油助威。对塞尔维亚的第二场比赛，我们不幸以0比1失利。在约翰内斯堡与加纳队的关键一战，多亏梅苏特·厄齐尔的进球，我们才以1比0取胜挺进淘汰赛。

与英格兰队的八分之一决赛在布隆方丹进行，我们在赛前并不被看好。对我来说现在又有了新的压力，我必须认真面对，因为我们不能停下前进的脚步，只能将英格兰人淘汰出局。在这场4比1之战中我打入2粒进球，比赛结束前，在我完成第2粒进球不久后被替换下场，现场球迷为我送上了雷鸣般的掌声。我的家乡派尔有400人在牧师住宅的大屏幕前观看了我的比赛。比赛结束后我的肾上腺素依然分泌旺盛，在一家电视媒体采访我时，我对着摄像机说道："我很想在这里问候我的祖父母和外祖父母！"我最亲爱的祖母曾经告诉我，有时候她在电视里看不清我，因为电视屏幕对她来说太小了。我想，至少这一次她能听到我的声音了。祖母艾尔娜告诉一家报纸，以前她只会在我不被换下场的情况下才看比赛，而现在她会在桌子上点燃一支蜡烛，然后从头到尾不错过比赛的每一分钟。

在四分之一决赛中，我们遇到了阿根廷队，这一次迭戈·马拉多纳认识了我。我又进球了。在施魏因施泰格开出一记任意球后，我用头球攻门得分，场上比分变为1比0。但是接下来的比赛就没有这么顺利了，利昂内尔·梅西拿到了球。梅西，真正的足球艺术家，我在防守他时非常不走运地手球犯规，梅西要求判罚任意球，主裁判在鸣哨后给了我一张黄牌。这一幕太荒唐了，我想，裁判并不知道我在此前一场比赛中已经吃到一张黄牌，所以这已经是我在本届世界杯上得到的第二张黄牌。根据规则，我将因为累计两张黄牌在半决赛中被停赛。当裁判握着黄牌出现在我面前时，我只在想，去你的！这究竟是怎么回事？我竟然不能参加世界杯半决赛了，太不公平了！

但很快我就把这个想法抛在了一边，我必须继续集中精力，距离胜利还有很长时间。好在我们的表现非常出色，最终以4比0赢得大胜。感到高兴的同时，失望的情绪也在我心中增长，难以想象下场比赛我就不能上场了。在整个世界杯期间，每天我都会给丽莎打电话，还在和她通信，她非常理解我的失落，一直在不断鼓励我。

与西班牙队的半决赛我不得不被排除在外，我只能坐在看台上，简直快要疯了，对自己的球队爱莫能助，这太令人沮丧了。这场比赛就像电影一样在我眼前播放着，我们的团队倾尽所有还是没能成功，最终比分是0比1，我们被淘汰出局。

在与乌拉圭队的三四名决赛中，我再次首开纪录，把比分变成了1比0，最终我们以3比2获胜。比赛后第二天我们就将返回德国。

当西班牙队与荷兰队的世界杯决赛正在进行时，我们已经登上了回家的飞机。当时的飞机上还没有互联网，所以我们无法观看这场决赛，直到机长通过驾驶舱麦克风通知我们："亲爱的乘客们，西班牙队通过加时赛的进球1比0战胜荷兰队，赢得了世界杯冠军。"进球人是谁？我一直觉得应该是大卫·比利亚，他是西班牙队的最佳射手，在本届世界杯射手榜上与我并列齐名，我俩都打进了 5 粒进球，荷兰队的韦斯利·斯内德也有 5 球进账，不管两人谁在决赛中进球，都能成为金靴。是比利亚进球了吗？他打入了 6 球？是他把比分变成了 1 比 0，已经超过了我？就在世界杯结束前最后一刻？最后还是机长告诉了我们，为西班牙队打入进球的人是安德烈斯·伊涅斯塔。

现在我知道了。

我凭借 5 粒进球和 3 次助攻成为世界杯最佳射手。因为助攻次数多，我战胜了比利亚和斯内德。除此之外，我还被评选为本届世界杯最佳年轻球员。

对我来说，这是对我整个赛季出色表现的完美证明。如果有人在世界杯前告诉我，我会成为最佳射手，我会认为他疯了。这是永恒的荣誉，我的助攻竟然起到决定性作用。我想这也证明了：就算一个人再有抱负，也永远不应该过分自私。

返回德国后，阿迪达斯董事长赫尔伯特·海纳和弗朗茨·贝肯鲍尔在黑措根奥拉赫的颁奖典礼上向我颁发了世界杯"金靴"。现在这座杰出的奖杯就摆放在我家酒窖中一个特殊位置上，它总会让我想起我第一次参加世界杯时的独特经历和这个让我实现突破的特殊赛季。

第八章　一夜成名

世界杯前几乎没有人相信我们能夺得第三名，返回德国后我们进行了庆祝。我的生活在几周内被完全改变了：世界杯让我享誉国际。我的家乡派尔正在考虑组织管乐队去慕尼黑机场接我。世界杯期间，派尔人总是聚集在社区中心一起观看我们的比赛，后来他们果然带着管乐队来迎接我了。家乡的人希望在激动人心的世界杯后我能休息一段时间，为了表示对我的尊重，他们还在村子里用石头建了一座足球雕塑，它重达2.5吨，由一位雕塑家创作完成。慕尼黑上巴伐利亚的雨伞组织甚至还创作了一条广告语："著名的足球度假胜地：阿默湖地区是世界杯球星托马斯·穆勒的家乡。"越来越多的摄影团队来到派尔，很多记者给镇长打电话询问我父母的住处和我长大的地方。我的家人一开始对这些热忱表现得很放松，但后来类似的事情越来越多，因为电话太多，我母亲即使在家也经常开着电话答录机。刚开始的时候，我们全家谁也不知道该如何应对这些喧嚣。

当我去购物的时候，经常会遇到跟我打招呼的人。虽然我每天仍能该做什么就做什么，但显然已经跟别人不一样了，随心所欲变成了一件很困难的事。对我来说，与球迷保持亲密关系和维护个人隐私都很重要，在它们之间找到健康的平衡关系更加重要。有时候这取决于特定的条件，有时我会更亲切友善些，有时则不，我会试图保护我的家，这里是我的港湾，我相信每个人都需要这个港湾。

刚开始的时候，能经常从电视里看到自己让我感觉很奇怪，当然这很酷，但我很不习惯。随着时间流逝，我越来越知道该如何去看待和处理它。那个在屏幕上闪烁着的人就是我的一部分，我认为，人永远不应该忘记自己的出身，这尤为重要，任何人都不应该只活在荣誉里。

世界杯后我和丽莎第一次一起共度了长达10天的假期，随后我就回到拜仁俱乐部开始了新赛季的备战。经历过世界杯，我的生活已经与以前完全不同，毋庸置疑，当人们认出我并向我索要签名或照片时，我的感觉会很好，但有时也会觉得过于吵闹了。我不可能取悦每个人，那时候我刚刚搬家，新房前总聚集着越来越多的球迷，现在每个人都会更苛刻地评价我在球场上的表现。

但显然成功所带来的积极的东西要更多，很多公司突然找上门来邀请我拍摄广告，我几乎很难拒绝要采访我的各种需求。对此我和我经纪人决定，只接受那些适合我的产品和公司的广告，我依然想留住那个真实的可以信赖的托马斯·穆勒，就和他原来的时候一样。所以我们拒绝了大多数邀约，尽管如此，我还是比以前更多地出现在电视广告和海报中，这一切都发生得太快了。我享受其中，但丝毫没有飘飘然，因为父母一直都是这么教育我的：人永远要脚踏实地。

第八章　一夜成名

有一个广告是我和西蒙一起拍的，我们轮番带球，就像小时候在地下室那样，我们相互捉弄，都尝试着最后的射门。从某些方面看，西蒙过着和我完全不同的生活，对他来说足球只是爱好，并不是职业，他平时在踢业余联赛，我们相处得非常好。

除此之外，我还获得了巴伐利亚体育大奖，对此我感到荣幸之至！颁奖典礼上巴伐利亚州长霍斯特·西霍弗向我致以了崇高的敬意，可惜当时我正外出休假，没能前往现场，为此他们特意提前录制了一段对我的采访在现场播放。除了我说的话从这段视频中还可以看到，我的主教练路易斯·范加尔为我颁发了大奖，范加尔以他独一无二的方式对我说："托马斯，很荣幸为你颁奖，事实上赫尔曼·格兰德也应该站在这里，他慧眼识才，所以我们才没有浪费任何时间，就把你调来一线队参加我的训练，我想我对此也有贡献，这是你应得的。"

采访者问范加尔，作为球员是什么让我与众不同的？范加尔回答："他还可以变得更好，我们必须脚踏实地，这就是他的特点：他一直都是他自己，这很重要，他总把眼睛睁得很大，极富才华。"随后范加尔还说，他在我这个年纪时和我一样瘦，这句话把我们都逗笑了。

还有一幕场景尤为美好，联邦总理安格拉·默克尔和联邦总统克里斯蒂安·武尔夫在贝尔维尤宫向国家队颁发了银月桂叶奖章，以表彰我们在南非世界杯上取得的成绩。这是德国体育领域国家级的最高荣誉，我们都无比骄傲。

在这个特殊时刻，我们每个人在颁奖礼上都精心打扮，穿着西装、打着领带，主持人逐一喊出每名球员的名字，我们一个接一个地在掌声中走上前去。

武尔夫对我们说："当我们谈论体育成绩时，不仅仅是指代那些激动人心的时刻、精彩的进球和难忘的胜利，体育运动所体现出的最大意义在于公平竞赛、尊重对手，在于即使失败也要体现出的模范姿态，愿意为团队、但首先要为体育场里和电视机前的无数球迷奉献最好的自己。"队长菲利普·拉姆也发表了讲话并表示了感谢。

世界杯结束后的这个赛季，拜仁慕尼黑仍然是联赛的夺冠热门。可惜我们的开局不佳，多特蒙德展现了不俗的实力，实在是一个强大的竞争对手。下半个赛季俱乐部管理层解除了范加尔的职务，我的"大靠山"走了。我真的很喜欢和他一起工作，但是在足球世界里，你只能努力适应局势并快速向前看。多特蒙德还在不断前进，最终以领先第二名7分的成绩拿到了赛季冠军，对我们而言，这是一个沉重的打击，在拜仁慕尼黑，一个没有冠军的赛季当然称不上完美。俱乐部为新赛季签下了新主帅尤普·海因克斯，早在2009年时我就和他共事过了，非常期待能和他再次合作。

夏天的时候，我们举行了一场对我来说具有特殊意义的比赛，就像我给它起的名字一样："世纪之战"。拜仁俱乐部主席乌利·赫内斯表示，穆勒家族对俱乐部贡献很大，我父亲就向他询问，能否为我的家乡俱乐部派尔提供帮助，派尔当时正准备修建一座新的体育馆，赫内斯马上就同意了，随后就组织了一场友谊赛。

就这样我和弟弟西蒙有了第一次真正意义上的同场竞技的机会。我们并肩奔跑，西蒙代表派尔队，我代表拜仁慕尼黑，这真是最特别的时刻，最终我的球队以22比1的比分取胜，我出于对老东家的感情只打入1粒进球。通过这场比赛获得的所有收入共计7万多欧元将全部用于派尔新体育馆的修建。中场休息时，派尔镇镇长面对我射入了1粒点球，这是他一直想做的，我也很高兴能配合他一起完成。对于派尔，对于我的家庭，对于我，这都是难忘的一天。

第九章　最沉痛的失败

2011/2012赛季冬歇期，我们还排在积分榜第一位，但到了下半赛季，多特蒙德一路超越了我们，最终以创纪录的81分卫冕冠军，我们屈居亚军。这是我成为职业球员的第三个赛季。

慕尼黑在这个赛季流传着一句话"决赛回家"，因为欧冠决赛将在我们的安联球场举行，我们非常渴望跻身决赛。多特蒙德在德国杯决赛赛场上再次战胜我们问鼎冠军，这种感觉非常苦涩，只有欧冠冠军才能挽救整个赛季。

无论对于拜仁慕尼黑还是我个人来说，当时都不处在最佳状态上。我在德甲赛场只打入7粒进球，贡献13次助攻，在队内助攻榜上排在里贝里之后位列第二名，我对自己的表现经常感到不满意，当时公众对我的要求非常高，我自己也是。

但在欧冠赛场我们还是进入了决赛，"决赛回家"了。半决赛进行得非常惊险，我们对阵皇家马德里，谁都知道这是一家什么样的俱乐部，他们的球员都是"皇家"级别的！他们有超级巨星克里斯蒂亚诺·罗纳尔多，我国家队的队友萨米·赫迪拉也正在为皇马效力。首回合我们以2比1赢下了比赛，第二回合更加紧张，我们想稳固住局面，尤其是刚开场的时候，很明显，在8万名现场观众的支持下皇马一上来就会发起进攻。很不幸我们落后了，大卫·阿拉巴在禁区内不慎手球，点球！C罗改写了比分。不久后比分又变成了2比0，比赛似乎在14分钟内就已经分出了胜负，但我们并没有放弃。马里奥·戈麦斯在禁区内被防守他的佩佩踢倒，阿尔扬·罗本主罚点球把比分改写为2比1，我们又迎来了生机。两支球队在后来都有进球机会，但也都没能把握住，比赛进入加时。海因克斯这时候用我换下了里贝里，我们倾尽全力避免对手进球，同时向前推进寻找着自己的进球机会，但皇马的防守大多非常聪明，这是一场考验神经的真正较量，除了紧张还有残酷，只有点球大战才能让我们分出胜负。幸运的是，C罗、卡卡和拉莫斯先后罚失了点球，我们的门将曼努埃尔·诺伊尔展现了世界级表现，成为最后的英雄。巴斯蒂安·施魏因施泰格打入了决定性的关键一罚，是的！我们以极大的热忱和意志赢得了胜利，这是属于巴伐利亚的璀璨时刻，我们怀着巨大的幸福感热切期盼着 5 月的决赛。

与切尔西队的比赛开始前，球迷为我们表演了场面盛大的舞蹈，编舞把大耳朵奖杯呈现在我们面前，旁边还写着"我们的奖杯"，场面令人震撼不已。

比赛刚开始我就得到了一个机会，但没能转化为进球，比分一直维持在 0 比 0。下半场比赛中，我感到小腿被撕扯得越来越疼，但在如此紧张的时刻，我不能允许自己被换下，只能咬牙坚持。

属于我的时刻在随后到来！托尼·克罗斯从侧翼横传，我把球顶到了横梁上，它从横梁跳进了球网，1 比 0！这是一个炸裂的时刻，我的情绪瞬间高涨，这粒进球带给我、我的队友们和球迷们的幸福感如此巨大，简直无法形容。球门后南看台的观众和看台上其他观众已经欣喜若狂。

但我小腿处的拉扯感已经越来越强烈，主教练海因克斯用丹尼尔·范比滕将我替换下场，他是一名高大的防守球员，现在我们已经占有了取胜的先机，只需要再坚持10分钟，稳固好防守。但就在终场结束前，切尔西利用角球机会由迪迪埃·德罗巴扳平了比分，比赛进入加时，这太苦涩了！我们本有机会在90分钟的常规时间内拿下比赛，应该说是必须赢下比赛，机会就在眼前，从替补席上目睹这一切令我更加痛苦。

我们得到了一个点球，但切尔西门将彼得·切赫扑出了罗本的罚球。那之后双方都没有进球，又是点球大战。我被替换下场了，已经没有了主罚的机会，规则就是这样的。太可惜了，我非常想去主罚，因为点球是我的必杀技，但现在却是其他球员不得不走上球场。

施魏因施泰格射中了立柱，德罗巴打进了决定性的最后一罚，我们输掉了本应赢下的比赛。德罗巴举着奖杯在球场上跳舞，被失望情绪笼罩的我却躺在草皮上，这是一场噩梦，在最关键的时刻我们紧绷的神经没有经受住考验，足球在今天以最无情的方式惩罚了我们。我们错过了本赛季所有三个冠军头衔，对于拜仁慕尼黑，这是沉重的打击，我们的球迷在哭泣。

颁奖典礼将在看台上举行，在经历过这样一场残酷的失利后，所有人都不想说话，但对我来说，即使是输球，即使是以最坏的方式输球，保持公正和尊重也非常重要，我与切尔西球员们握手并向他们表示了祝贺，这就是尊重的一部分。联邦总统约阿希姆·高克祝贺我们获得了亚军，我们每个人都获得了一枚奖牌。海因克斯安慰性地把手放在我的肩膀上，我们对那些热切希望我们获胜的球迷感到万分抱歉，但他们却在为我们鼓掌。这种感觉真的超级棒，越是困难的时刻我们越要团结一致。我们的球员沉浸在悲伤中，但是没有人去责怪其他人，我们一起赢，我们也一起输。

洗完澡后，记者们想知道，对这场失利我会说点什么。"人们经常看到,并不总是应该取胜的一方最终能捧得奖杯,足球不意味着一切。"这就是我的回答。

拜仁俱乐部在赛后租用了邮政宫以用于庆典活动,这是慕尼黑市中心一个巨大的庆典大厅,原本这里将有一场属于胜利者的庆功会,但我们因为过于伤心,根本不想去庆祝。

董事会主席卡尔-海因茨·鲁梅尼格手持麦克风发表了讲话:"我经历过1999年,在巴塞罗那我们难以置信地以1比2惨败,那也是最残酷的一天。但我几乎觉得,今晚在某种程度上比那天更苦涩、更残酷,甚至更不应该,这种痛苦难以想象。"

回家路上,我从车里看到很多失望的球迷正在黑暗的街道上徘徊。门将诺伊尔用手机给我发了一段视频,他说,我们本应赢得胜利。

但第二天我们就停止了自怨自艾。我和丽莎一起开车去了我们的马厩,丽莎对马术运动怀有巨大的热情,而且非常擅长盛装舞步。她从小就喜欢马,这种挚爱也深深感染了我，我越来越热衷于看到这些聪明的动物进行体育竞技。因为有受伤的风险，我很少亲自骑马，但我经常待在马厩里，对马匹的繁殖也越来越感兴趣。丽莎会来看我的比赛，我也会去看她的比赛，我们能有这么多的时间陪伴对方真是太好了。

在前往马厩的路上，我坐在副驾驶上给拜仁队友们发了一条短信，我写道：

"振作起来，伙计们，昨晚发生的一切非常痛苦，明年让我们卷土重来！"

这就是我在这场惨败后最直接的感受。我认为我们可以从失败中学到东西，这场决赛的失利第一次让我受到了强烈的震撼，但从长远来看，它会让我们变得更加强大。

在体育运动中，失败有时候也会让你回忆起其他人取得的成就。1999年拜仁在欧冠决赛最后几秒钟输给了曼联，但仅仅两年后他们就凭借"黄金一代"夺回了冠军，"黄金一代"的很多球员都经历过1999年。那时候我还是个孩子，我在电视机前经历了从遗憾到弥补遗憾的整个过程，对拜仁慕尼黑不可思议的表现感到无比骄傲。

现在我们也能复制这样的成功吗？我坚信我们能。

但首先，在波兰和乌克兰举行的2012年欧洲杯已经被提上日程。在与意大利队的半决赛中，主教练勒夫没有把我排进首发阵容，对我来说，这是沉重的打击，我非常失望。在此之前，我基本上都能得到充足的出场时间，在欧洲杯预选赛上，我出战了全部10场比赛。截至目前，这场比赛是我职业生涯中最苦涩的时刻之一。

我们在这场比赛中表现得不够聪明，上半场结束时我们已经以0比2落后了。比赛最后时刻，主教练让我替换下了热罗姆·博阿滕。只有压哨进球当时对我们来说显然是不够的，我们以1比2失利被淘汰出局，太可惜了！我们的团队极具潜力。终场哨响后我已经筋疲力尽，我栽倒在替补席上，用毛巾遮住了头，失望的泪水滚落下来。这是一个多么令人失望和糟糕的赛季啊！这样的挫败感必须消除。

第十章

神奇的温布利之夜

首先我要搞清楚这个赛季的状况。失败是足球的一部分，但过去几个月，我们在重要比赛中的失利还有很多。我认为对失败进行分析永远都很重要，出了什么问题？我们在未来应该怎样改善？我个人还有什么地方可以改善？我的优势如何发挥到最大才能让球队获益？我不是一个在失败后能立即清除记忆的人，我会思考一段时间失败的原因，大多数时候我都能保持客观的心态，分析是为了总结失败、学习如何获胜。

随后的赛季，主教练海因克斯要求我们忘记一切，他对自己也这么说：重要的是当下！就像那句名言说的"演出必须继续下去"，足球也是如此。这是良好的开端，赛季初我们在超级杯赛场上战胜了多特蒙德，在此之前，我们已经多次输给了他们，所以这场胜利对我们重建信心很有帮助。

冬歇期，我们前往卡塔尔集训。正常情况下在集训营里我们每天只训练两次，上午一次，下午一次，而现在海因克斯甚至要求我们一天三练。每天早上7点钟，我们在早餐前先去慢跑。卡塔尔是沙漠国家，即使在1月中午，天气也非常炎热，在烈日下进行完一天大运动量训练后，每到傍晚我已经筋疲力尽，但我认为，辛勤和汗水是值得的，我们有远大的目标，要实现它，就必须竭尽全力。

在这个赛季的德甲赛场，我打入13粒进球，还包括很多助攻，我们赢得了冠军。同时我们还打进了2个决赛：欧冠决赛和德国杯决赛。

我们为梦想付出了一切。在半决赛的天王山之战中，我们遇到巴塞罗那队，在被淘汰的边缘，我们进行了两场大战。巴塞罗那是足球世界的王者之师。首回合比赛我打入2粒进球，还有1次助攻，我们在安联球场4比0痛击巴塞罗那。能如此痛快地战胜拥有超级巨星梅西、哈维和伊涅斯塔的强大对手对我们而言非常特别，比赛结束的时候，我差点只能爬出球场了，我筋疲力尽，回到更衣室后一直在用冰水给疲惫的双腿做冰敷理疗。第二回合比赛，显然我们也是表现更好的一方，这次我们以3比0战胜了对手，这真是两场神奇的半决赛，决赛，我们回来了！在我刚刚开启职业生涯的前四年中，竟然3次打入了欧冠决赛，这太难以想象了！

在整个德甲赛季结束后，我们全队都去了主教练家里做客。海因克斯住在一个改建的农场里，在博阿滕打入德甲赛场第一粒进球后，他就答应我们会请全队球员吃饭。他在自己漂亮的花园里搭了一个帐篷，还邀请了明星厨师阿方斯·舒贝克为我们做饭，餐桌上有莱茵河地区的酸菜和苹果果仁馅饼，非常美味！我们围坐在一起，充满了欢声笑语，海因克斯的爱宠——德国牧羊犬坎多在我们中间跑来跑去，这是一个美好的夜晚，我们共同向三冠王发起誓言，这个赛季我们将为拜仁慕尼黑创造未从实现过的愿景：包揽三冠！

通常先进行德国杯决赛，然后才是欧冠决赛，但这个赛季交换了顺序。

应该说这是一个非常特殊的赛季，因为多特蒙德也展现非凡的实力，打入了欧冠决赛，在欧冠决赛的历史上，第一次同时迎来了两支德国球队的对决。在我俱乐部生涯最重要的比赛中，我遇到了自己少年时代的队友马茨·胡梅尔斯，还有我在水星杯上的对手斯文·本德和拉尔斯·本德兄弟，同场竞技的还有两位国家队队友马尔科·罗伊斯和马塞尔·施梅尔策。这场决赛将在传奇的伦敦温布利大球场举行，它是世界上最负盛名的体育场之一。天啊，这太让人激动了！我完全沉浸在对这场决战的期待中，我的家人也一样。正如我之前说过的，我的一位叔叔是忠实的多特蒙德球迷，但我相信，决赛的这一天，他会破例一次，偷偷地同时为多特蒙德和拜仁慕尼黑加油。

"我们会把那物件带回慕尼黑。"我这样在赛前发布会上说道。有一位记者问我,我们是否担心会再次输球?我回答:"我认为没有人会在它面前尿裤子。"

决赛前几天每次训练结束后,我都会为自己加练点球,我想为一切有可能发生的事做好准备,机会总是留给有所准备的人。我知道我需要为球迷们赢下这场比赛,在宣传片中我告诉球迷:"我们热血沸腾!你们群情激昂!现在让我们去把那物件带回来!"

温布利大球场内坐着86000名现场观众,几乎全世界都在转播这场决战,仅开幕式表演和众多巨幕标语就堪称巨大的奇观。上半场比赛我们并没能按照赛前布置进入自己的节奏,重压之下我们双腿沉重,在多特蒙德面前束手束脚,反倒留给了对手几次机会。慢慢地我们才解脱出来,开始向对方施压,半场结束时场上比分是0比0。

下半场比赛中,我们的前锋马里奥·曼朱基奇率先改写比分:1比0。多特蒙德试图扳平比分,赢得了一个点球，伊尔卡伊·京多安主罚命中，比分变为1比1。不久后球到了我的脚下，我带球晃过多特蒙德门将罗曼·魏登费勒，但球打高了。在比赛最后时刻，多特蒙德后卫内文·苏博蒂奇还一度把球传到了球门线前。这最后的几分钟，场上的局势清晰地显示着，比赛即将被拖入加时赛。但偏偏就在这个时候，罗本出现了。接到里贝里的传球，罗本在比赛第89分钟把比分变为了2比1。我们和球迷一样为这粒进球疯狂不已，罗本张开双臂跑出了球场，他呼喊着"我的天呐"，根本不敢相信眼前的一切。

但我们还必须坚持到终场哨响。我们相互加油：现在更要小心了，伙计们！我们想要取胜，现在我们想要这座欧冠金杯胜过世界上任何东西，这次再也没有人能夺走属于我们的胜利。伟大的球队不会让自己在决战中陷入窘境，温布利的这个夜晚，我们又变身回那支伟大的战队。与一年前那场决赛不同，这一次我们经受住了考验，幸运的是，我们真正从一年前的失败和错误中吸取了教训。

主裁判的哨声吹响了。我冲过球场，大声呼喊着队友们，我和施魏因施泰格以及其他队友一起拉来了主教练海因克斯，一边庆祝一边把他抛向了空中。当我们在看台上接过金灿灿的欧冠奖杯——大耳朵杯时，曼努埃尔·诺伊尔让我坐在他的肩膀上，我高高地举起奖杯，幸福地咆哮着，这就是那个我们最想要的物件。

巴西籍队友拉菲尼亚和丹特在更衣室里用他们的智能手机连接上音箱，所有球员都在南美乐曲的节奏中跳着欢快的舞蹈。

我为施魏因施泰格和拉姆感到高兴，这就是团队成员间的默契，仿佛我们彼此能感知到对方。在公众面前有时会存在一种说法，认为他们都缺少了一个重要的国际赛事冠军头衔，现在他们有了！我能感觉到这对他们意味着什么。这个夜晚我们所有人都卸去了沉重的压力，我们已经在欧冠赛场赢得了冠军头衔，现在我们要拿回一年前"决赛回家"时失去的一切。

我和施魏因施泰格一起走出更衣室，登上了球队大巴直奔庆祝晚宴！

　　庆功会在一座漂亮的节日大厅内举行，有2000人参加，包括我们的家人、朋友、知名人士、赞助商、球迷和记者。我们一边跳舞一边欢呼，后来有一些球员先回家了，剩下的人还在继续狂欢，我在这个夜晚几乎无法入眠。

　　现代足球会进行很多数据统计，对我来说，这并不能证明什么，团队表现才是最重要的，但这场决赛的统计数字还是让我大吃一惊。我了解到，全世界有3.6亿人通过电视转播观看了我们的比赛，哇！我在本赛季的欧冠赛场打入了8粒进球，在射手榜上，只有皇家马德里的超级巨星C罗（12球）和多特蒙德的顶级射手莱万多夫斯基（10球）排在我前面，本赛季我没有错过任何一场欧冠比赛。

　　一周后，我们又在德国杯决赛中击败了斯图加特队。

刚刚经历温布利那场令人筋疲力尽的比赛后，短时间内再度积蓄起力量并不容易，但我们还是做到了。我射入了一粒点球，把比分改写为1比0，还贡献了1次助攻，我们最终以3比2取胜。

拜仁慕尼黑成为第一支加冕三冠王的德国球队，这三个冠军头衔分别是联赛冠军、德国杯冠军和欧冠冠军。我们书写了历史。

赛后拜仁俱乐部特意举办了官方宴会庆祝这一盛事。后来我们又去了一家迪斯科舞厅，这场狂热的聚会简直要把我们撕碎了，当我从里面出来的时候，天已经亮了，我发现我的T恤衫已经不见了，真是一个疯狂的夜晚。

回到慕尼黑后，我们又跟球迷一起庆祝了三冠王。慕尼黑市长在市政厅阳台上向我们表示了祝贺，我们与玛利亚广场上的球迷们一遍又一遍地高唱着"超级拜仁，超级拜仁，嘿，嘿"。尽管当天一直在下雨，但它仍是我职业生涯中最美好的记忆之一。

第十一章　我们是世界冠军！

2014年夏天，我的第二届世界杯已近在眼前，这一次它将在巴西举行。我们又来到训练营集训，和2010年我第一次参加世界杯时一样，我们去了南蒂罗尔。在进营前，我与拜仁俱乐部完成了续约，在自己最心爱的俱乐部里，我感觉非常舒适，很想在世界杯前了却这桩心事，然后全神贯注地参加世界杯。

这个赛季我们赢得了双冠王。赛季结束后，我把时间都留给了家人、朋友和我们的小动物们。我完全沉浸在这段假期生活中，因为不久后我将满腹期待地前往国家队报到，要离家几周时间。

尽管骑山地车的时候我曾受过伤，但在南蒂罗尔我再次骑上了山地车，在这里我们有近两周时间备战世界杯。为了提高速度和身体机能，我们还进行了力量训练，每分钟170次的心跳在训练中根本算不上稀奇。跟拜仁俱乐部一样，国家队也有单独的体能教练，他们专业知识渊博，会和我们一起完成特殊的训练科目。在此期间，我进行了大量抗阻力训练，以增强我的核心肌肉和背部力量，对于避免受伤很有必要。从哑铃到健身球，这里一应俱全，对足球运动员来说，训练前、后也都应该谨慎照顾好自己的身体，这非常重要。

此时我们的整体状态与2010年大不相同，两支德国球队刚刚在欧冠决赛场上完成雌雄对决，德国足球正处于巅峰之上，舆论对我们寄予厚望。再次前往世界杯赛场，我们已经被贴上夺冠大热的标签，这是全新的角色。有人告诉我，在南美大陆上还从来没有一支欧洲球队能捧起大力神杯，我们决定迎接这项挑战。

有一次我们能连续休息几小时，我就约了物理治疗师克里斯蒂安·胡恩一起去打高尔夫球。因为他的姓氏胡恩非常特殊，是"鸡"的意思，我们就干脆直接叫他"鸡"。打高尔夫的时候我跟他打赌我一定能赢，因为我非常自信，但那天克里斯蒂安简直太走运了，打最后一个洞的时候，我的球陷进了草丛里，根据规则我本来可以把这个所谓的陷进去的球直接拿起来抛到别的地方，只要不靠近洞口就行，但和我们一起打这一局的菲利普·拉姆就是不许我这么做。那你还能让我干吗？好吧，都听队长的。

我们的赌注不是钱，而是我必须穿上裙子，这是巴伐利亚的女性传统服装，我要穿着它在"鸡"吃午餐时为他服务。我接受了他的摆布，在他吃自助餐时为他端盘子拿食物，队友们当然已经笑得上气不接下气，兴致勃勃地对我各种品头论足。我就是负责搞笑的。但是到了球场上，我们却继续专注于各种应对策略，状态越来越好。比赛终于开始了，我们带着良好的感觉飞向了赛场。

以前我们从未到访过巴西，这是一次真正的冒险之旅。从抵达第一天起，那里的人就对我们非常友好和热情，在街道两旁，很多人穿着德国队球衣，一边和我们打招呼，一边跳舞、唱歌。

世界杯期间，我们的驻地位于巴西北部坎普巴伊亚，只有坐船才能抵达这里。与其他地方不同，我们在这里不像是住在酒店中，而是住在度假屋里。23名球员被分在4栋别墅中，我和拉姆、胡梅尔斯、克拉默、杜尔姆共享其中一栋。

记者们很想从我这里得知，我是否能捍卫世界杯金靴的头衔。在刚刚过去的赛季中，我为拜仁慕尼黑踢了51场比赛，打入26球，现在我不再是世界杯新人了，一定会承担起更多的责任。"我们在巴西无论如何都要赢得冠军，这是我们的目标，每一场比赛、每一分钟、每一秒钟我们都要证明这一点。"我这样回答，如果我能再次赢得世界杯金靴将非常完美，但它只是额外的奖励，与我的个人荣誉相比，团队目标永远重要得多。

与葡萄牙队的首场比赛就堪称完美，我们以4比0的比分战胜了克里斯蒂亚诺·罗纳尔多的球队，我完成了帽子戏法，还被球迷评选为当场比赛的最佳球员。克里斯托弗·克拉默也到了该唱歌的时候了，这是我们国家队的传统，上演首秀的球员要为全队送上一支歌，克拉默的处子秀本来发生在几周前，但他一直没有机会进行他的声乐表演，现在他终于完成了任务。在我们坐船从塞古鲁港机场沿着里约若昂迪蒂巴河返回坎普巴伊亚时，他抛出了一首罗南·基廷的的歌曲《一切尽在不言中》，有几句他还真唱在了调上，否则与真正的唱歌相比，他更像是哇哇乱叫。作为团队，我们总能找到很多乐趣，这也说明我们有多么团结。

第二场小组赛中，我们与加纳队战成了 2 比 2 平。在一次拼抢中，我的一只眼睛受伤，伤口被缝了 5 针，看起来我就像刚刚经历过恶战的拳击手。幸好在世界杯赛场上，我们还在不断前进。

我们与阿尔及利亚的八分之一决赛在阿雷格里港进行，狂风暴雨般的 90 分钟激战过后比分还是 0 比 0。加时赛上，安德烈·许尔勒在接到我的脚后跟传球后射门得分，把比分变为1比0，随后梅苏特·厄齐尔又把比分变为了2比0。这是一场真正的恶战，阿尔及利亚人倾尽了所有，比很多球迷和专家想象中的那支球队要强大许多，当然这也算不上我们在淘汰赛中应该展现出的最佳状态。无论以什么样的方式，我们都要取胜，最终我们还是以2比1赢下了比赛，应该说这是意志力的胜利。

我的父母在这场比赛前已经预定了机票，他们想来巴西看我们的四分之一决赛。妈妈后来告诉我，在看我们与阿尔及利亚队的比赛时她一直在发抖，如果我们输了，她也要登上前往巴西的飞机，但他们就看不到我们的比赛了。爸爸在巴西一直穿着4年前我第一次登上世界杯赛场对阵澳大利亚队时穿过的那件球衣。

与法国队的四分之一决赛进行得非常胶着，我们最终以1比0小胜，随后的半决赛将在贝洛哈里桑塔进行，我们的对手竟然是东道主巴西队，整个巴西都是他们的强大后盾。在德国每个人都期盼着我们能进入决赛，汽车制造商大众甚至给他们的夜班员工放了看球假，就是为了员工们不会因为上班错过我们的比赛。我和克洛泽让这场半决赛一触即发，这一次我们必须进入决赛，绝不能让2010年止步四强的一幕重演。我们很清楚这会有多难，即使巴西队的超级巨星内马尔受伤缺阵，他们仍然十分强大。4年来，内马尔没有缺席任何一场国家队赛事的首发阵容，我在欧冠赛场拜仁与巴塞罗那的比赛中对他有了更清晰的认识，他是一位伟大的射手。球场里成千上万的球迷都戴着内马尔的头像面具，营造了一种非常特别的气氛，现在是贝洛哈里桑塔的下午5点，德国时间晚上10点。

11分钟后一粒角球被吊入禁区，我凌空抽射把比分改写为1比0，这是我在本届世界杯上的第5粒进球。我们陷入了疯狂的境界，托尼·克罗斯发起进攻，我把球传给了克洛泽，他把比分变成了2比0。又过了6分钟，我们完成了第3粒进球，我错过了拉姆的传中球，但克罗斯已经赶到完成了破门。随后他又把比分变成了4比0，然后是赫迪拉得分，比赛只进行了29分钟，我们已经以5比0

第十一章　我们是世界冠军！

领先了。后来我才得知，在赫迪拉打入这粒进球后，我们在世界杯上的总进球数第一次超过了巴西队，我们打入了221粒进球，巴西队是220粒。

巴西人并不清楚这究竟是怎么回事，以如此大的比分取胜对我们来说近乎难以接受，我们并不想羞辱对手，但我们也不能为此让球。主教练勒夫后来派出许尔勒替补登场，他又把比分变成了6比0和7比0，最后的比分定格在7比1。这是一场永远会被铭记的胜利，在世界杯84年的历史上还从未发生过这样的比赛。德国队在这场比赛中的跑动距离达到了119公里，平均下来每名球员比巴西球员多跑了1公里。我们还创造了很多纪录，这是半决赛历史上的最大比分胜利，也是巴西队的最大比分失利，一家英国媒体将它称为"世界杯历史上最伟大的比赛"。终场哨响的一小时后，我们的球迷还在球场里唱歌，更衣室里却相对安静，我们当然也很高兴，但比赛早早就分出了胜负，欢乐的情绪并没有被累计到最后一刻爆发。除此之外我们还告诉自己：什么都还没有实现！我能听到球迷们正在外面唱歌，还在呼喊着我们的名字，这种感觉真好。洗完澡后我又回到了球场里，开心地指挥着我们的球迷合唱，还和现场的观众们一起聊天，很多球员都用手机拍下了整个过程。

这个夜晚我还接受了媒体的采访，利用中间的空当吃了些番茄意面来补充能量，比赛结束后我饿坏了。记者们问我，怎样做才能成为世界杯冠军，我们对此是否有了计划？我回答说："再赢一场，全力以赴，为我们的生活努力耕作，把那物件带回来！"

在返回我们的世界杯驻地坎普巴伊亚的航班上，足协主席沃尔夫冈·尼尔斯巴赫发表了讲话，他说，这是一场来自另一个星球的比赛："几年或者几十年后，你们可以告诉你们的子孙后代，那一天，2014年7月8日，贝洛哈里桑塔，我就在那支球队中，我们7比1击败了巴西队。"

阿根廷队在另一场半决赛中取胜，但德国队的热度还在上升，仍然是世界杯冠军的最大热门。在目睹了这场历史性胜利后，所有人都在说："德国队肯定能轻松夺冠，阿根廷队甚至是德国人最喜欢的对手。"如果能在决赛中进球，我将追平哥伦比亚球员哈梅斯·罗德里格斯的6粒进球，领衔射手榜。

在7比1战胜巴西队后，主帅勒夫一直很谨慎，他要确保队内没有人骄傲自满。"让我们继续前进，谦虚些总是好的。"勒夫说。

当我们在决赛开哨前走进里约热内卢传奇的马拉卡纳球场时，我们的球员牵着球童的手依次从大力神杯旁边经过，内心非常渴望今天就把它带走。

在这场拼抢激烈的决赛中，阿根廷队主要依靠防守反击，两队都有机会，但进球迟迟没有发生，又是加时赛！我们终于把比分变成了1比0，马里奥·格策接到安德烈·许尔勒的边路传球，他精彩地把球射进了远角。

打入进球后，我们要做的就是防守和继续战斗，施魏因施泰格受到了攻击，鲜血直流，我们都在用最后的气力咬牙坚持，终于哨声响了！除了喜悦，我什么感觉都没有，我只能想到：我们做到了！我们得到了从未有过的解脱。

我们拥抱在一起。

不久后国际足联主席布拉特、巴西总统迪尔玛·罗塞夫在看台上为我们颁发了大力神杯。随后的时间交给了记者们，一位哥伦比亚女记者采访了我和施魏因施泰格，施魏因施塔格开玩笑地告诉她，她只能说巴伐利亚方言才能和我们交流，我很喜欢接下这个梗，继续对她说道："世界冠军，萨玛！奖杯，哈玛！"（这本是米奇·格鲁克演唱的世界杯歌曲，穆勒让对方以为他在说方言。）随后施魏因施泰格大笑着用英语为她"翻译"："他在跟你说，你很漂亮，他很高兴赢得冠军。"

这一次我并没有获得世界杯金靴，哈梅斯·罗德里格斯摘得了桂冠，但我现在一点也不在乎，我们的团队拿到了大力神杯，其他一切都是次要的。

随后我们回到更衣室洗澡、换衣服，联邦总统约阿希姆·高克和总理安格拉·默克尔来到更衣室，向我们表示了祝贺，我们一边大笑着喊："安吉，安吉"（对默克尔的昵称）和"总统，总统"，一边拍照合影。

大巴把我们送回了酒店，它就坐落在海滩上，我们的大规模世界杯冠军派对也将在这里举行。但我太累了，已经没力气在派对上继续狂欢，而且每个人才刚刚见到家人，他们早就盼望着与我们团聚了。

在这么短的时间内就买到机票赶来巴西并不容易，但有人却做到了，西蒙直接飞来了里约，尽管他一时还买不到回程机票。一直以来他都是坚定的乐观派，总是说："这次德国队一定能夺冠！"这段时间他本应参加重要的英语考试，但他还是飞到了我和父母的身边，太伟大了！可惜妻子丽莎并没有一同前来，因为她正在参加巴伐利亚的马术锦标赛。

我们互相拥抱。我一直和家人坐在一起，谈论着这场决赛，每个人都描述了自己的感受，但又找不到最准确的词汇把它表达出来，所有人的思绪都沉浸在这段奇幻的经历中。对每个人来说必须先解决一个问题，就是让自己相信，我们已经是世界冠军了！因为收到了数不清的祝贺信息，我的手机不停地闪烁着。后来大力神杯出现了，当它来到我和家人中间时，我们捧着它，一起拍摄了冠军全家福照片。聚会上有很多人，连歌手蕾哈娜也加入了我们欢庆的队伍，格策和很多队友都在与她合影，我们还一起高唱了《我们是世界第一》。

我们是世界冠军。德国是世界冠军。距离上一次世界杯夺冠已经过去了整整24年。

两天后我们的专机降落在柏林泰格尔机场，专机上写着"胜利者之翼"。我们乘坐敞篷大巴车驶向勃兰登堡门前的球迷广场，一路上无论大街小巷到处都是欢庆的人群。当我们抵达球迷广场时，已经有超过500万人来迎接我们了，流行歌手海伦娜·菲舍尔在舞台上和我们一起唱歌、跳舞、欢跃、呼喊，场面疯狂！

一段时间后，我在黑措根奥拉赫接受了世界杯银球奖和银靴奖，这两个奖项分别为在世界杯上表现第二好的球员和位列射手榜第二位的球员而设立。就像2010年领取世界杯金靴奖时一样，我从阿迪达斯董事长赫尔伯特·海纳手中接过了两座奖杯。弟弟西蒙也出现在颁奖典礼上,这段时间他刚刚毕业,恰好在公司实习。颁奖前一天我们本来见过面了,但他并没有告诉我第二天他也会来,这个小小的隐瞒却带给我大大的惊喜,我非常高兴能在颁奖礼上看到他,西蒙说:"我为哥哥感到骄傲。"

第十二章

球场外最重要的事

我已经在本书中向你们讲述了盖德·穆勒的故事，他和赫尔曼·格兰德在我升入职业队之前一起训练过我，他曾经是世界上最好的射手之一。盖德绝对是我的榜样，这就是为什么在 2016 年 3 月里发生的那件事对我来说如此特别。在欧冠赛场与尤文图斯八分之一决赛第二回合比赛中，拜仁慕尼黑通过加时赛 4 比 2 取胜对手，我打入了自己的第 35 粒欧冠进球，取代盖德成为在欧冠赛场进球最多的德国球员。如果盖德的时代也能有这么多国际比赛，这一幕就不会发生，因为他是有史以来最好的德国前锋。对于我这是一个伟大的时刻。

这个赛季我再次与拜仁慕尼黑续签了合约，并没有接

第十二章　球场外最重要的事

受曼联向我提供的更高额报价。曼联主帅正是当年给了我很多支持的范加尔，我很荣幸，但是我对自己在拜仁俱乐部承担的责任非常认同，所以我选择了留下。

在与意大利队的一场国际比赛中，勒夫把队长袖标交给了我，这是我为国家队出战的第 70 场比赛，在 6 万名现场观众面前，我带领着全队走入球场，而且还是我的主场——慕尼黑安联球场。多棒啊！国家队队长，这曾经是属于乌维·席勒、弗朗茨·贝肯鲍尔、洛塔尔·马特乌斯、鲁迪·沃勒尔、奥利弗·卡恩、米歇尔·巴拉克的头衔，现在我也成为他们中的一员，这是一项巨大的荣誉。在这场比赛中我助攻了 2 球，我们以 4 比 1 取胜。

后来我才发现，我把属于队长的黑红黄三色袖标带反了，颜色颠倒了，没办法，我又成了大家的笑料。

一年后我第一次带上拜仁慕尼黑的队长袖标，就像从前在青年队时一样。对我来说，这意味着很多，如同画一个圆圈，在最后收笔时它终于归于圆满。

迄今为止，我已经赢得了很多冠军，2014 年世界杯后，我们又多次在德甲联赛和德国杯赛场问鼎，不断为拜仁慕尼黑书写着新的历史。从2013年到2019年间，我们收获了德甲七连冠，还从来没有球队达成过这一成就。2019年底我迎来了在拜仁慕尼黑第500场里程碑比赛，这是一个惊人的数字！拜仁俱乐部特意为我准备了写着"500"的姜饼心形蛋糕，与多特蒙德的比赛结束后，我回到更衣室把它挂在了自己的脖子上，除了这颗心，我什么都没穿，更衣室里所有人都在笑，我还是那个负责搞笑的我。

2019年12月，巴伐利亚州州长马库斯·索德向我颁发了巴伐利亚功绩勋章，以表彰我的体育成就和不计报酬的献身精神，这是巨大的荣誉。"你要知道，从现在开始你只能表现得更好了。"在颁奖典礼上州长眨着眼睛对我说。我告诉他，我对自己的家乡巴伐利亚非常依恋，我们巴伐利亚人是性格骄傲、爱护他人、幽默感十足的混合体。我非常感激在我的家乡，在最特别的俱乐部，也是全德国最好的俱乐部里体验到这么多美好的事物，多亏了足球，我才拥有了这么精彩的人生经历，未来我还想赢得更多……

但是，比赛、奖杯、胜利、赞扬和金钱绝不是万能的，我尤为开心的是，在过去几年中是足球带我体会了那么多风土人情。在拜仁俱乐部，我与来自巴西、西班牙、法国和许多其他国家的球员一起踢球，从他们身上我了解到很多不同的文化，他们中的很多人与我在派尔的成长环境完全不同，是体育教会了我以相互理解和开放的视野，去关注我们身处的世界，这很重要，我们的眼界不能只停留在自己狭小的生存空间内。

足球是精彩的，它占据了我生命中重要的一部分，但足球不是全部。

我非常想帮助那些无法像我一样幸运的人，在生活中我是一个幸运儿，我想回馈给他人同样的幸运。

自2011年起，我一直担任"青年之翼"形象大使，这是一个慈善组织，是专门为那些失去家人的孩子和青年人提供帮助的在线咨询机构。他们不应该独自忍受悲伤，在这个平台上，他们可以相互交流，也可以向专业咨询师倾诉，不久之后，慕尼黑诺克赫贝格还将兴建起一栋星之屋，以供这些孩子们聚会和使用。

他们的遭遇时常让我深受触动，我非常愿意尽全力帮助他们和他们的家庭，这就是为什么每年我们都会举办慈善高尔夫球赛和慈善绵羊头锦标赛（一种纸牌游戏），我们需要筹集大量资金以用于这项事业。得不到爱对任何人来说都难以忍受，特别是对失去了父母或者兄弟姐妹的孩子来说，在人生最艰难的时刻带给他们关心和陪伴尤为重要。我非常同情这些孩子们，与他们相比，我如此幸运，悲剧从未降临在我的身上，但是我能感受到他们的痛苦，非常想给他们的生活带去希望和快乐。

与亲人们在一起的时光对我来说是奢侈的，也是最重要的。我更像一个家庭型的人，而不是喜欢聚会的人。休息时，我最喜欢整天跟丽莎与爱犬米奇和弹珠待在一起，我们去慢跑或者打网球，我也喜欢打篮球和沙滩排球。能和家人、朋友们围坐在一起享受时光对我来说非常珍贵，我们会玩纸牌或一起聊天，我最爱玩的就是绵羊头，巫师牌和图板游戏卡坦岛在我看来也很酷。要是玩绵羊头，有时候我会去找彼得·哈克尔，他是小时候我在派尔踢球时的教练，很高兴我们一直都保持着良好的关系，我们很喜欢一边玩牌，一边讲以前的事。诚实地说，我不太能承受失败，因为我总是想赢，不管是在足球场上，还是牌桌上。

在朋友眼中，我也不是什么球星，他们一直把我看作那个出名前还在读书的托马斯，如果我在球场上表现不佳或者其他事做得不好，他们便会直接表达出不同看法，这一点非常重要，我的妻子、家人和朋友们都是我坚强的后盾。

如果周末没有比赛（尽管在赛季中非常罕见），我总喜欢回到派尔父母家中，然后去看派尔队的比赛，它会让我想起，我的足球道路是如何从这里开始的？

正是沿着这条路，我成了一名职业球员。

附录

成就你的足球梦：来自我的建议

希望在读完本书后，你已经从我的人生故事中得到一些启发，去实现你自己的足球梦。足球世界里通向成功的道路并不止一条，但我坚信，一些共性的价值观和因素对于有志成为职业球员的人来说尤为重要。

如果你把成为职业球员当作自己的梦想和目标，那么我想给你我的建议：

· 永远热爱足球，全力以赴，严于律己，富有耐心和上进心，不要给自己太大压力，不要束缚自己，不要太顽固，视足球为激情，而不是生意和工作。只要做好这一切，成功自会水到渠成。要记住，对这项运动的爱才是你永恒的驱动力，别忘记足球也是游戏，是世界上最好玩的游戏。

·确保你始终有B计划！毕竟只有很少人走上了职业之路，沿途荆棘丛生，足球运动又受制于年龄限制，所以我很庆幸自己完成学业，拿到了高中毕业证书。每名球员都有受伤或发生其他意外的可能，高水准的运动机能有很大概率遭遇突然停滞，即使是我也始终面临着这样的风险，不要害怕，但要永远做好准备。对足球而言，运气是最脆弱的东西，在这种情况下完成学业或接受良好的职业教育是最明智的选择。我在青少年时代碰到过很多出色的球员，在我看来他们不费吹灰之力就能跨越职业球员的门槛，但最终却未能实现，有些人中途受伤，有些人不再热爱足球，有些人在错误的时间点上加盟了错误的球队，无数因素影响着你的成长，并不会以我们的意志为转移。

·眼里永远有你的同伴。关注你自己的目标当然很好，也很重要，但不要忘记你身边的人。拜仁慕尼黑就是最好的例证，在这里我们所有人就像身处大家庭般彼此爱护。不久前我去参观了我们的青训中心，向那里的青少年介绍我的经验，与他们亲密聊天，回答他们的疑惑。所处不同时代球员间的交流十分有益，正如我在少年时代深受盖德·穆勒的影响。施魏因施泰格和拉姆也是如此，每当我们在塞贝纳大街看见盖德，都很喜欢与他聊天。表现出同情心、同理心和真诚的内心，对我而言远比在球场上打进一两个球更加重要。

・对于职业运动员而言，健康至关重要，每天都要倾听自己的身体。只有在健康情况下，才能展现最好的竞技状态。同时我们也应该帮助身边正在遭遇健康问题的人。

・永远脚踏实地。进行头球和庆祝的时候，你当然可以随心所欲地高高跳起，我就很喜欢这么做。但走下球场就不要继续飘浮在空中，无论你刚刚经历过何等的成功，无论你是哪个联赛的最佳射手，无论你转会到了哪家最大、最好的俱乐部，保持忍让和谦逊永远没有错。不断提高你的技能，即使你已经获得了成功、赢得了冠军，也要认真对待自己和足球，永远别把自己太当回事。

·始终尊重对手，尤其是当他比你和你的团队明显势弱的时候。在竞技运动中不要取笑任何人。2014年世界杯半决赛，在7比1战胜巴西队后，巴西球员伤心失望至极，我们与他们在赛后握手，为他们加油，告诉他们一场失利并不能改变他们都是优秀球员的事实，除此之外作为东道主，他们奉献给全世界一届精彩的世界杯。我们为此赢得了巴西队的赞赏，也得到了全世界的称颂。

·平衡很重要！我完全可以想象，你被关于足球的很多事情包围着，因为我也在经历同样的事。这是一件好事，人只有全力以赴才能走得更远，偷懒无异于半途而废。但是不必把所有时间都留给足球，把一部分时间留给自己，不踢足球也可以不想足球。保持好平衡。从前的我喜欢打网球，球场上的我从小就头脑清晰，从事其他运动有助于平衡你的身体和头脑。现在的我喜欢与我的狗和马相守在一起，也会约上队友去打高尔夫球，父母也渐渐爱上了这项运动，找到了高尔夫球的乐趣。享受你的爱好并结识足球圈外的人。

·健康的饮食非常重要。不用担心，我不是要你一辈子不再吃薯条，也不会妖魔化你最爱吃的巧克力冰淇淋，更不会不让你和朋友一起享用美味的比萨饼。我自己也喜欢吃零食。如果按照以上标准为孩子和青少年制定严格的营养计划，未免太夸张了。但你也需要知道，你的身体会从饮食中吸收营养。只有健康的身体才能让你高质量地进行训练、充满能量地去比赛，所以你要确保自己营养均衡，不管吃什么都要适度。你要尽可能地多吃蔬菜和全谷物类食品。早餐我喜欢吃麦片和低脂肪的黑麦面包，午餐和晚餐我经常吃意大利面、火鸡沙拉或者番茄芝士，还包括西兰花、胡萝卜、西葫芦等蔬菜，我也很喜欢吃鱼，但很少喝含糖饮料。

· 为自己找一个偶像。你最喜欢哪位球员？当你看他踢球时，会惊讶地张大嘴巴吗？你可以走自己的路，不用复制他人，但是有经验丰富的球员经常为你指引方向绝对是好事。无论你的偶像是谁，你都一定能从他身上学到东西，他现在是球星，但曾经也是个孩子，一定是经历过艰苦的努力，才抵达了今日的巅峰。

· 始终专注于自己的优势并继续发扬，同时别忘记弥补弱项。小时候和西蒙在地下室踢球时，我会有意练习自己的左脚技术，后来在成为职业球员后，我会定期进行力量训练，主要针对自己的背部和腹部，这样做不是因为我要在海滩上展示漂亮的六块腹肌，而是要让身体躯干和背部更加强韧，保护自己不受伤。有时我会与其他球员一起做分组练习，有时则是单人训练。我的力量训练大多时候在全队集合前已经完成，因为对随后要在草坪上进行的训练来说，这是不错的热身。

你会因为自己比别人多付出的这部分努力受到命运的奖励，你可能还会想在全队训练前或后为自己做加练，比如找一位队友互相强化头球训练或者来个长跑提高自己的耐力。

·乐于接受新事物。我经常与拜仁俱乐部的体能教练聊天，尝试用不同的方法进行训练。我也很喜欢瑜伽，它能让我的身体变得灵活，并教会我控制呼吸，打沙滩排球和乒乓球也很有意思。偶尔我也会与我们的顶级厨师或其他专家聊天，我会认真听从他们的建议，并提出我的疑惑。

谁都不应该只固守自己的训练方法和长期的营养观念，不要从一开始就拒绝新事物，不妨尝试你喜欢的事物，然后让你的身体反应回馈你它是否有效。遇到新事物先让自己知晓并了解，然后乐于尝试。

·战胜内心的负能量！即使是职业运动员，有时也不得不面对内心的挣扎，任何人都有害怕和自我怀疑的时候。想想获胜时的感觉，想想你身后的整个团队，或者来一场自己与自己的搏斗，你能帮助自己重建信心！勇敢地接受这场搏斗总是值得的，不妨把它看作对自己的小小挑战，当你带着无畏的心情重新投入训练，并将之视为为自己而努力时，一定能找回信心满满的自己。

·享受成功。让内心安静下来，为自己的成功而骄傲，可以是夺冠的时刻，可以在一场发挥出色的比赛之后，也可以是在结束一个辛苦的训练周期后。与家人和朋友共享成功的喜悦非常重要，一顿晚餐就足以让你们幸福倍至。如若不然，一切都将从你身边溜走，在繁忙的日常生活中，你很快就会忽略自己取得的进步，要知道没有什么比取得进步更能让你动力十足。在我看来，丰厚的报酬从来不是最重要的事，大家围坐在一起就比赛或训练进行探讨会更有意义。

·听教练的话。尽管我的每位教练都性格不同，但他们每个人都带给过我实质性帮助。很多执教少年队的教练都是在义务工作，他们不拿薪水，完全是出于热情和热爱在教授足球，但他们真的能传授给你很多知识。尝试接受他们的建议。如果他们批评你不要太骄傲，有建设性的批评只会让你更进步！